映画『怒り』
フォトアルバム
劇中カットを特別に紹介!

THIRD TRAINING BRIGADE

吉田修一ほか

小説「怒り」と映画「怒り」

吉田修一の世界

中央公論新社

目次

小説「怒り」と映画「怒り」

吉田修一の世界

小説「怒り」

小説「怒り」

あらすじ

　二〇一一年八月十八日、八王子市郊外。若い夫婦が自宅で惨殺される事件が起こり、現場には「怒」という血文字が残されていた。犯人は山神一也、二十七歳と判明するが、その行方は杳として知れず捜査は難航していた。

　そして、事件から一年後の夏――。房総の港町で働く槙洋平・愛子親子の前には田代と名乗る男が、東京の大手企業で働くゲイの藤田優馬の前にはサウナで出会った直人が、母とともに沖縄の離島へ引っ越した女子高生・小宮山泉の前には田中という男が現れる。それぞれに前歴不詳の三人の男。

警察が「山神一也は整形手術を受け逃亡している」と発表、テレビ番組で大きく報道されるなか、洋平は一緒に働く田代が偽名だと知り、優馬は同居を始めた直人が女といるところを目撃する。日常をともに過ごす相手に対し芽生える「この人は何者なのか？」という疑念。一方、泉は田中を気に掛け、無人島に通うが……。三人のなかに、山神はいるのか？　犯人を追う刑事が見た衝撃の結末とは！

【連載】
『読売新聞』朝刊
二〇一二年十月二十九日
～二〇一三年十月十九日
挿画／政田武志
【単行本】
中央公論新社刊
二〇一四年一月二十五日
装幀／bookwall
装画／政田武志

【文庫】
中公文庫　二〇一六年一月二十五日
カバーデザイン／盛川和洋

【繁体字版】
聯經出版刊　二〇一四年十二月

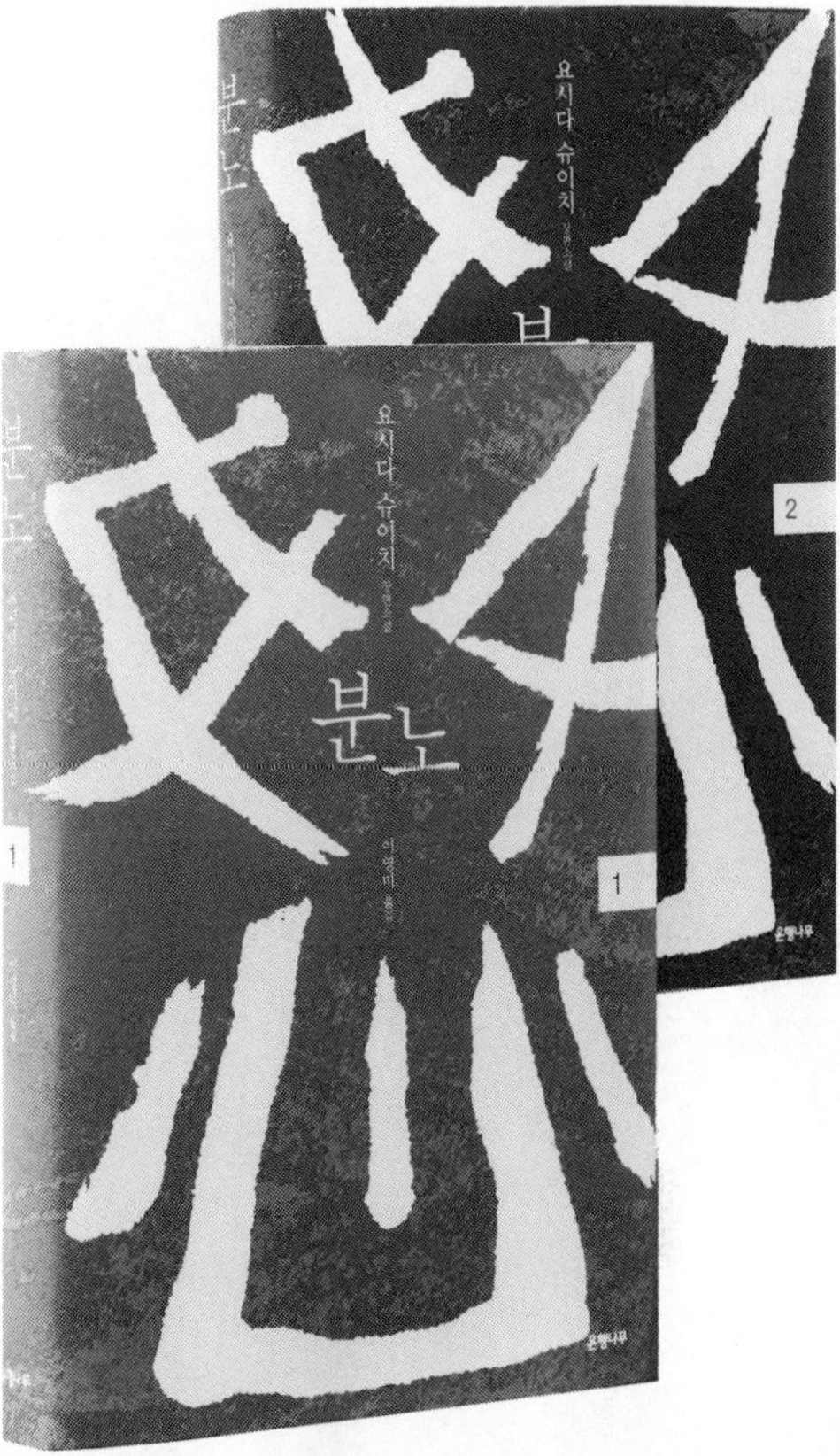

【韓国語版】ウネンナム刊　二〇一五年七月

第一章

小説　八つの証言　「怒り」エピソード0

吉田修一

「八王子夫婦殺害事件」の犯人、山神一也は、神奈川県川崎市で鋼鉄製品の溶解亜鉛メッキ加工工場に勤務する父、邦彦と、清掃業パート職員である母、景子のもとに、次男として誕生した。

四歳上になる長男、一彦は、生まれつきの心疾患が原因で、一也が生まれる前、三歳の幼さで亡くなっている。

父、邦彦が勤める「東日総亜鉛」は社員数二十人ほどの町工場であったが、先代の社長が商才のある人で、大手製鉄業者の下請け企業との付き合い方が上手く、時代の流れのなかで次々と倒産していく同業者のなか、平成の不況を乗り越え、先代が亡くなった現在も、二代目社長がどうにか町工場としての体裁を保っている。

ただ、九十年代後半から二〇〇〇年前半に起こった深刻なデフレと日本資本のアジア流出の際には、さすがに工場を維持することができず、邦彦を含む社員の半数が三年ほど解雇されていた時期がある。

そして、ちょうどこの時期に、山神一也の中学時代が重なる。

工場を解雇されていた時期、邦彦は日雇いの土木作業員として家族を支えた。景子が清掃会社のパート職員になったのもこの頃になる。

邦彦は福岡県の出身で、地元の工業高校を卒業後、川崎市で暮らしていた親戚を頼って上京、現在の「東日総亜鉛」の前身である「徳田加工」に就職。以来、四十年に亙って働き続けている。

邦彦は幼いころから無口な子供であったようだが、上京してからは自身の九州訛りを恥じるところもあり、ますますその口は重くなった。更に、長男の一彦を失ってからは、度を越えて無口になる。

邦彦よりもあとに「東日総亜鉛」に入ってきた従業員たちの殆どが、彼のことを一度は「口がきけない人」だと勘違いしている。

【証言　一】

お父さんの、一也の可愛がり方が、見ていて、ふと恐くなることがありました。もちろん長男の一彦を失ったあとにできた男の子でしたから、お父さんが一也を可愛がるのは分かります。もちろん母親の私だって、一也のことは可愛くて仕方なかった。でも、やっぱり今思うと、お父さんの一也の可愛がり方は、他のお父さんと比べても少し異常だったかもしれません。

とにかく幼いころは、片時も自分の腕から下ろしませんでした。普段はタバコで火傷をしても声を出さないような人が、一也に対してだけは饒舌で、一也がちょっとでも表情を変えると、「お父さんのこと、見てるのか？」「どうしたの？　眠いのか？」なんて顔を覗き込んで、一也が自分の指をつかめば、「お父さんの指は汚いねえ」なんて言いながら目尻を下げていました。

もちろん可愛がってくれるのはうれしかったんです。でも、たまに母親である私さえ寄せつけないような雰囲気があって……。そんなとき、この人は長男の一彦が死んだ責任が、私にあると思ってるんじゃないかと、ふと感じてぞっとしてしまいました。

お父さんが勤めている工場と幼稚園が近かったこともあって、昼休みになると、お昼寝をしている一也の寝顔を、毎日幼稚園まで見に行っていたようです。担任の先生の話では、中に入って下さいと声をかけても遠慮して、窓の外からじっと覗いていたそうです。

一也が小学校に入っても、状況は同じでした。ちょうどその頃だと思うんですが、普段は怒鳴ることなんかないお父さんから珍しく怒鳴りつけられたことがありました。地域の小さなお祭りでお稚児さんの募集があって、一也を出そうと私が応募したんです。近所のスーパーに募集の貼り紙があって、なんとなく応募しただけでした。選ばれるのは一人だったし、地域には他にめぼしいお祭りもないから、毎年かなりの応募数があることも知っていたので、まさか選ばれるとも思っていませんでした。

それが数週間後、私自身もすっかり忘れていたころに、当選の知らせがあったんです。単なるくじ運とはいえ、我が子が多くの子供たちの中から選ばれたことが嬉しくて、その夜、お父さんが家に戻ると、すぐに伝えました。当然、喜んでくれると思って。でも、私が話し終えた途端、「ふざけるな！　そんな見せ物みたいなものに一也を出せるか！」ととつぜん怒鳴られたんです。

私は、きっと自分の説明が何かを勘違いさせたのだろうと思いました。だって、それくらい私が話したお祭りの話と、お父さんの怒り方に温度差があったんです。

「小さな御神輿だし、危なくないって」と私は言いました。

でも、お父さんの怒りは鎮まらなかった。「今度、一也をそういう見せ物にしようとしてみろ、俺はお前を絶対に許さんからな」って。

お父さんは酔っているわけでもありませんでした。私はお父さんがなんでこんなことで、ここまで怒るのか分かりませんでしたし、何か理不尽だとも思ったのですが、まあ、よくよく考えてみれば、何も夫婦で言い争うほどのこともなく、「だったら、いいですよ。断りますよ」と言いました。

あの子がああいう最後を迎えてからは、こんな他愛もない昔の思い出ばかりが浮かんできます。きっと自分なりに、なんであの子があんな恐ろしいことをしたのか、その理由を探そうとしているんだと思うんです。

でも、本当になぜあの子があんな恐ろしいことをしたのか、未だに分からないんです。いくら考えても、本当にいくら考えても分からないんです……、理由が見つからないんです。

でも、たった一つだけ、思い当たることがあるとすれば……、母親である私の責任があるとすれば……、あの子を育てながら、ふと、本当にふとした瞬間に「この子は私の子じゃない」と思うようなことがあった、ということです。

でも、それにも理由はないんです……。


山神一也が通っていた「あさひ幼稚園」で、当時そのクラスを担任していたのが堀江美幸という女性である。彼女はすでに「あさひ幼稚園」を辞めており、現在は飲食店を営む夫と中学生になる一人娘と川崎市内に暮らしている。

彼女が「あさひ幼稚園」に勤務していたのは六年間と比較的短く、そのせいもあって山神のことを鮮明に覚えている。

【証言　二】

勤め始めて二年目で初めて受け持ったのが山神一也くんたちのクラスでした。だから今でもはっきりと覚えているんです。園では「かずくん」と呼ばれていて、いつも元気で明るくて、子供のくせに新米の私を盛り上げてくれるような気遣いをする男の子でした。

こういう風に言うと、誤解されるかもしれませんが、四、五歳の男の子でも、女の私から見て、ときどきドキッとするような男の色気を感じさせる子がいるんです。

かずくんは、まさにそんな子だったような気がします。

私自身そうですが、幼稚園のころの記憶って大人になると、所々が鮮明に残って、あとの残りは忘れてしまっているじゃないですか。

幼い子たちと付き合っていると、大人になっても鮮明に覚えている瞬間が、きっと今なんだろうなと分かるときがあるんです。「あ、この子は、大人になってもこの瞬間を覚えてるはずだ」って。具体的には説明しづらいんですが、たとえば目の輝き方とか、ふと何かに憑かれたように放心したりとか、何かしらのサインがあるんです。

　もちろんほとんどの子たちは滅多にありません。月に一度でもあれば多い方で、なかには卒園するまで一度もそういうサインを読みとってあげられなかった子もいます。

　ただ、かずくんに関しては、単なる私の思い過ごしなんでしょうけど、本当にそういう瞬間が多かったんです。一日に何度もあるようなこともあって。大げさに言えば、この子は幼稚園での出来事を、お遊戯だったり、かけっこだったり、ちょっとしたケンカをしたり、そんなことを全部、大人になってもはっきりと覚えているんじゃないだろうかって。

　ただ、じゃあ、かずくんが他の子より大人びていたか、と言うとそうでもないんです。

　やっぱり普通の男の子だった。ただ、なんというのか、他の子よりも元気で明るいというか……。

　あ、そうだ、ちょっと抽象的になってしまうんですけど、当時、かずくんと一緒にいると、「この子は祝日みたいだ」って思うことがあって。

じゃあ、その「祝日」って何だ？　と訊かれると説明できないんですけど、たとえばカレンダーを捲った時、そこに祝日を見つけた時のうれしい感覚ってあるじゃないですか。休日は休日なんですけど、日曜日みたいに毎週あるようなものじゃなくて。

そう、かずくんは『祝日』みたいなイメージの男の子だったんです。月曜日でも火曜日でも、土曜日でも日曜日でもなく、やっぱり祝日。だから、かずくんとの思い出は全部楽しいものばかりなんです。

ただ、今回このようなことで話をすることになって、何かそうじゃない、私が抱いていたイメージとは違う何かが、当時から彼のどこかにあったんじゃないかって必死に思い出してみたんです。

でも、なかなか見つからなくて。でも、無理やりに近いんですけど、そういう話ができるとすれば……、一つだけあって……。

もちろん子供のころの話ですし、もっと突飛なことをいう園児たちもたくさんいましたから、こじつけに近いかもしれないいんですが……。

あれはお昼寝の時間だったと思います。珍しくかずくんだけがなかなか寝つけずにいたんです。なので、一緒に横になってお話をしていたんだと思います。

その時、「ねぇ、美幸先生、僕の本当のお父さんとお母さん、僕をいつ連れにくる？」って、とつぜん訊かれたんです。

もちろん園児の身上書は読んでますから、かずくんのご両親が養父母でないことは分かっていましたし、普段、園ではお母さんやお父さんが「お迎えにくる」という言い方をしていたので、この時、かずくんが口にした「連れにくる」という言葉にも違和感がありました。

だから、「今、かずくんと一緒にいるのが本当のお父さんとお母さんでしょ。だから誰もかずくんを連れにきたりしないよ」って答えたんです。

でも、「違うよ。僕は、今はあのおうちにいるけど、いつか連れてかれるんだよ。美幸先生、知らないの？」って言うんです。

あまりにもきっぱりとした物言いで、みんな知ってると思っていたらしく、私が知らないことにひどく驚いてもいました。

私は、子供特有の空想か何かの延長なのだろうと思って、話はそのままにしました。そのうち、かずくんも眠ったんだと思います。

たしか、その日もかずくんのお父さんはその寝顔を見に来ていました。本来は規則違反なのですが、あまりにも熱心なお父さんなので、園長が特別に許可していたんです。

でも、かずくんのお父さんも遠慮深い人で、中に入ろうとはしない。窓の外に立って、眠っているかずくんをしばらく眺めて帰っていくんです。

たしか、その日は雨でした。かずくんが、いつ本当のお父さんとお母さんが自分を連れにくるのかと訊いてきた日です。

かずくんが眠ったあと、私はふと窓の方へ目をやりました。いつものように、そこにはかずくんのお父さんが傘を差して立っていました。

私は会釈をしたと思います。でも、その瞬間、ふと思ったんです。

それまでにも、女親が園を覗きにくることはありましたが、男親というのはやはり珍しいことでしたし、かずくんのお父さんはよほど子煩悩なのだろうと思っていました。

でも、その時、外からかずくんの寝顔を覗き込んでいるお父さんの姿が、父親というよりも、まるでかずくんが誰かに連れ去られないように見張っている番人のように見えたんです。

いいえ、もちろん、そのあとにも園の資料で確認しました。かずくんは間違いなく、あのご両親のお子さんです。


山神一也は小学校五年生のころ、万引きで補導されている。場所は自宅からほど近い郊外型のショッピングモール。盗んだのはナイキのサッカーソックス二足だった。


【証言　三】

補導員から電話をもらって、私はすぐにお父さんの工場に電話をかけました。そして自転車でショッピングモールへ向かいました。途中、体が震えて止まらなかったことを覚えていますし、信号待ちしている時は気を失いそうでした。

それくらい「一也」と「万引き」という言葉が結びつきませんでした。来るように言われた事務室にいるのは、きっと別の子だと思いました。

事務所に着くと、お父さんが先に着いていました。汚れた作業着のままで、その場にいるなかで、一人だけ汗まみれでした。

こっちに背中を向けていたお父さんに、「お父さん」って声をかけました。この時のお父さんの顔を、私は未だに忘れられません。

血の気が引いていました。体中の血が抜けて、足元に洩れてるんじゃないかと思って、床を見たくらいです。

そんなお父さんの向こうに、一也がぽつんと座っていました。俯いた一也の左頬が真っ赤に腫れ上がっていました。私はほとんど無意識に駆け寄りました。店の人が一也を殴ったと思ったからです。

「大丈夫?」と私は一也の両頬を包んで、店の人たちを睨みつけました。でも、店の人たちが、「自分じゃない。お父さんです」って言うんです。

私はまた体が震え出しました。一也が万引きしたということよりも、お父さんが初めて一也に手を上げたことに体が震え出していました。

本能的にとしか言いようがありませんが、あの時、「ああ、お父さんが今、この子を捨てた」と直感しました。

実際、この日を境に、一也の口が重くなるようになりました。学校が終わってもすぐには帰宅せず、どこで時間を潰しているのか、まだ小学生にもかかわらず、帰宅が夜の十時を過ぎることもありました。

それでも、やっぱりまだ子供です。おなかが減れば戻ってくるし、出した料理を美味しそうに頬張る。だから私も、「こんなにおなかが減るまでどこで遊んでたの？」とつい甘やかしていました。

でも、お父さんは許しませんでした。自分よりも帰りが遅いと、有無を言わさず腕を引っ張って外へ放り出し、鍵を閉めてしまうんです。

そのあと、いつも私がこっそりと中に入れてやるんですけど、そんな時、一也はどこへも行かず、何時間も玄関の前でじっと待っていました。

あれだけ仲の良かった父と息子の愛憎が反転すると、家の中がこうまで殺気立ったものになるのかと、私は毎日、恐ろしい思いでした。

何も、家内で殴り合いの喧嘩があるわけじゃない。でも、その一歩手前と言いますか、何かが不気味に泡立っているような気配だけが、一日中続くんです。

時期も悪かったんだと思います。ちょうどお父さんの職場が閉鎖騒ぎの最中で、実際にお父さんはこのあと一時解雇されて、日雇いの仕事を始めましたし、私は私で家計を助けるために清掃員のパートに出て、家を空けることが多くなりました。

中学に入る少し前くらいから、一也は近所の不良グループと付き合うようになっていました。自分よりみんな年上だったようで、仲間というよりは、使いっ走りのような役割だったと、補導員の方に聞いています。

一也が付き合っていたグループはバイクで暴走行為をするような人たちでしたが、一也が初めて警察に補導されたのは、この子たちの命令でパチンコ店の景品所から出てきた客の財布をひったくって逃げたときでした。

警察での自供では、初めてではないということでした。グループ内の十六歳の少年からいつも強要されていたとも話したそうです。

一也は保護観察処分になりました。学校にも行くようになりました。でも、それから二週間も経たないうちに、自分にいつもひったくりを強要していたその十六歳の少年をナイフで刺したんです。親指くらいの小さなナイフでした。

相手の太腿を何度も刺して、全治二ヵ月の怪我を負わせました。

一也が保護司の方に話したみたいですが、一也はその子から執拗に苛められていたそうです。

保護観察中だったこともあって、一也は初等少年院に送られました。四ヵ月の処遇でした。


山神一也は一九八四年生まれで、沖縄の波留間島での身柄拘束時には二十八歳になっていた。

山神の経歴を調べていくと、その二面性に誰もが驚く。簡単に言ってしまえば、その時期によって、山神が周囲に与える印象が全く違うのだ。

たとえば幼稚園や小学校の前半までは、優等生かつ人気者ぶりが窺える。しかし小学校の高学年から中学にかけてとなると、同じクラスだった者でも「目を合わせるのも恐くて嫌だった」などという印象に変わってくる。山神が初等少年院に入る直前などが、当然だがこのイメージが顕著となる。

しかし、山神の更生に当たった担当官によれば、初等少年院での四ヵ月の処置期間中、彼が問題を起こしたことはなく、黙々とカリキュラムをこなしている。

そしてまた、退院後には周囲に与える印象を一八〇度変える。少年院での生活や職業訓練が影響したのか、中学を卒業後、地元の工業高校に進んだ山神は、また幼稚園や小学校時代の時のような人気者としての印象をクラスメイトに残しているのだ。

このころの友人たちには、休日などに山神に誘われ、繁華街にナンパに出かけた思い出を、未だに懐かしがっている者が多い。

当時、山神には短期間だが付き合っていた女性がいる。品川にある女子校の生徒で、卒業までの約半年間を恋人として過ごしている。

【証言　四】

本当に、普通の付き合いでした。普通の高校生の、普通のお付き合いです。

この写真は、山神くんと一緒にいろんな場所に行ったときのものです。これがディズニーランド、これは鴨川の水族館だと思います。

写真を撮るとき、いつもこうやって肩を組んでくるんです。だから、どの写真も全部同じなんです。

もちろん当時は山神くんのことが好きだったんだと思います。ちょっと言い方がヘンなんですけど、会っていない時は本当にそう思っていました。苦しくなるくらい、山神くんのことを考えていたから、きっと好きだったんだと思います。

でも、本当に自分でも不思議なんですけど、実際に会っていると、なにかちょっと違うんです。好きな人と一緒にいるというより、どちらかと言うと、嫌いな人と一緒にいるみたいになるんです。

最初は、自分が緊張しているからだって思いました。だから、こんな気持ちになるんだって。

でも、やっぱり違うんです。やっぱりダメなんです。実際に会っていると、そこにいるのは、私が好きな山神くんじゃないんです。

なんていうのか、私の好きな山神くんはいつもそこにいなくて、別人が立っているような感じなんです。その別人のことを、大嫌いなんです。何か嫌なことをされたわけでもないのに、本当に大嫌いだったんです。

高校を卒業と同時に山神一也は実家を出る。

以後ほとんど実家には顔を出していない。就職先が決まっていたわけではなく、いわゆるフリーターとして都内に出ているのだが、このあとの山神の足取りに関して、情報が乏しくなる。

これまでに確認できた勤務先は以下の通り。(勤務先一覧　省略)

このように都内及び東京近郊のファストフード店、パチンコ店、カラオケパブ、土建会社等、どれも数ヵ月から一年程度という短い勤務期間であり、本件を起こすまでのほぼ十年に亙る生活を埋めるにはあまりにもその情報が乏しい。

成人した山神に、犯罪歴はなかった。アルバイトを転々としながらではあったが自活もしており、指定暴力団等との関わりもない。

ここに、山神が二十代前半の一時期に親交のあった亀渕高生という男の調書がある。亀渕は現在、山神と同じ二十八歳。知り合ったのは二人が二十歳になったころで、ある土建会社での短期バイトで一緒になり、その後も連絡を取り合う仲になったという。

この亀渕高生には犯歴がある。

山神と知り合って一年ほど経ったころに窃盗罪で懲役一年半執行猶予二年を受け、その執行猶予中にまた窃盗罪で逮捕、三年の実刑が確定した。

【証言　五】

亀渕のことを、まあ、一言で言えば、どんくさい男ですよ。ただ、まあ、確かに憎めないところもあるから、ずっとうちで使ってるんですけどね。

うちは、ほら、もともと女房と二人でやってた小さな中華料理店だけど、四年前にその女房がなくなって。すい癌でしたけどね。見つかった時は余命半年って言われたんだけども、それから一年半ももったんだから、がんばってくれました。

ああ、亀渕ね。あいつはちょうどその頃に紹介されたんですよ。昔、ほら、僕もヤンチャしてたころがあって、その時にほんとに世話になった刑事さんにね。空き巣やってパクられた若いのが、今度ムショを出てくるんだけど、ちょっと使ってやってもらえないかって。ちょうど、誰か探さなきゃと思っていましたからね。まあ、タイミングですよ。

うちはほら、昼どきはおかげさまで繁盛するから、近所のおばさんに二、三時間だけ来てもらってんですよ。そうじゃないと店が回んないから。

でも、たまにランチタイムを過ぎた辺りで、不思議と混み合ってくる日なんかがあるんですよ。そういうとき、亀渕にちょっと遅めの昼メシをそこのカウンターの隅で食わせてるとするでしょ？　普通、ほら、客が立て込んできたら、おばさんだけじゃ回せないから自分も食事を中断して手伝うじゃないですか。でも、あいつは一切それをしませんからね。おばさん一人で苛々してんのに、それこそ生姜焼きを一枚一枚ほぐすように食い続けて。

もちろん、こっちが言えば、あいつも動きますよ。でもね、それこそ、箸を持ったまま働きますからね、あいつは。

【証言　六】

会ってませんよ、会ってません。ずっと会ってません。会いたかったけど……、いや、会いたくなかったけど。

山神が事件を起こして逃げてることは知ってましたよ。ずっとテレビでやってたし、本当は俺のところに連絡があるんじゃないかって、内心ビクビクだったし。だから、本当にあいつがどこに隠れていたのかなんて、全く知りませんでした。

妙に気が合ったんですよ。何カ所か、一緒にバイトしたりもしたけど、一也くんがうまいこと言って、俺らの仕事まで他の奴にやらせたりして。そいつ、俺らに騙されたとも知らずにやってて。

当時はよく渋谷で飲んでました。一也くんが、店でも、通りでも、すぐナンパして。すげえ、楽しくて。一緒にいると、いつもゲラゲラ笑かされてて。一度なんか、二人でコンビ組んで、お笑いやろうかって話もあって。

俺、本気でやりたかったんだけど。でも、途中で一也くんが面倒くさがったから。

都内から自転車で河口湖まで行ったこともあるんですよ。あれ、どれくらいかかったのかなあ。途中、二人で野宿したりして。

いっつも二人でいましたから。

たまに、一也くんが別のバイトで知り合った仲間とかを連れてくることもあったけど、そいつがいなくなると、「あいつ、つまんなくねえ?」って。だから俺も、「つまんないね」って。

だから、ぜんぜん繋がらないですよ。俺んなかでは。その殺人犯と一也くんが。

一也くんが逃げ回ってるころ、何度も刑事さんたちが来て聞かれました。そのころ、俺がやった空き巣、あれは一也くんも一緒だったんじゃないかって。ずっと二人で過ごしてて、なんで空き巣のときだけはお前だけだったんだって。

でも、違います。あれは、俺が考えて、俺だけでやったんです。本当です。

山神一也の逃亡期間中、大阪天王寺駅前の分譲マンションの一室で、空き巣被害の報告が出されている。被害額は七十万円。一般宅であるが、被害に遭ったのは、主に不法滞在の水商売女性相手にボトックスなどの注射をしたり、時には無許可で整形手術もしているような闇医者の女だった。

この空き巣被害が発覚したのは、この闇医者の女が自ら通報したものだが、よほど腹が立っていたとはいえ、自らの通報で自らの違法行為が発覚し、その後、書類送検されている。

【証言　七】

ヘンな客やったんですよ。ほんまに最初から気味悪かったんや。

顔をな、変えてくれ、て。いやや、もちろん、うちに来る客なんてみんなそう言いますす。でも、普通は今より良くしてくれて言いますやん。

もちろんあれでっせ、ほら、ヤクザさんなんかがな、顔を変えてくれ言うときはまた別やけど、普通はな。

でも、あのお兄ちゃん、「自分の顔をぐちゃぐちゃにしたいんや」って。

そんとき、ここでコーヒーとケーキを出してやっとったんやけど、そのケーキをフォークでぐちゃぐちゃって、潰してしもて。

もし、ナイフでも持ってたら、それこそその場で自分の顔を切り刻むんやないかってくらいでしたわ。

うちとこに来るまえにも、あれ、自分でいろいろやってたんやろな。何をどうしたいんか知りませんけど、顔中、傷だらけ……。

いや、顔だけやなかったわ、髪でも剃ったんか知らんけど、頭皮も瘡蓋だらけ、耳も、なんや、膿んでましたわ。

たまにおるんです。整形繰り返して、もう収拾つかんようになってしまう人。ほら、いろいろなクスリ打ち過ぎて、顔がもうパンパンに腫れ上がってる人なんか、あれ、あれ、そうですわ。

あれ見て、みなさん、整形の失敗って言いますけど、本人、そう思うてませんからね。あれでキレイやと思うてますからね。

ちょっとタイプは違うけど、このお兄ちゃんもその手の人やと思いました。要するに、自分の顔が嫌いなんですわ。

こういう仕事してて、つくづく思いますけど、自分の顔を嫌ってる人て、ほんま不幸やわ。自分の顔を憎むって、なんやろ、自分が生まれたことを憎んでるのと同じやからね、ほんまに気の毒やわ。

まあ、とにかく、そういうお兄ちゃんやったんで、「これ以上ぐちゃぐちゃにしてくれ言われても、うち、ようせんわ」って、私も気色悪くて最初は断ったんやけど、その場で現金見せるでしょ。百万くらいあったと思いますわ。

まあ、もちろん訳ありやろうと思いましたよ。でも、まあ、うちに来る客に訳ありやない人なんていてませんもん。

【証言　八】

小学三年生の時であります。一也は学級委員に選ばれました。クラス全員の投票で決まったようで、一也も本当に喜んでおりました。クラスの仕事を頑張ってやるんだと、本当に張り切っておりました。

その仕事の一つに、当時、うさぎの世話がありました。学校で飼っていたうさぎでしたが、一也たちのクラスが飼育担当でありました。

一也はうさぎのことを一生懸命調べておりました。休みの日になると、「お父さん、図書館に連れてって」とせがまれまして、何度も車で連れていった記憶がございます。

うさぎの名前はピョン吉と言いました。

一也はピョン吉のことを本当に可愛がっておりました。毎朝、誰よりも早く登校して餌をやり、飼育小屋を掃除して、観察日記も欠かさずに書いていたようであります。

そのピョン吉が、ある日、何者かに首を切られて殺されました。

その朝、ピョン吉が死んでいるのを見つけたのが一也でした。

一也は血だらけのピョン吉を胸に抱いて、職員室へ駆け込んだといいます。

そして、「ピョン吉はどこですか？　ねぇ、先生！　ピョン吉はどこ？　ピョン吉はどこに行ったの！」と泣き叫んだそうです。

その腕にピョン吉はおりました。喉を切られた無惨な姿でしたが、一也はピョン吉を抱いておりました。

一也が八王子で今回の事件を起こしたと知らされたとき、なぜかこの時のことが浮かんできました。そして、あいつの最期を聞かされたときもまた、やはりこの時のことが頭に浮かんで離れませんでした。

……一也は、あの子は、なんにでもなれたんです。……でも、なんにもなれなかった。私みたいに、なんにでもなれる人間じゃなかった者には、その気持ちは分かりません。なんにでもなれた人間が、結局なんにもなれなかったんです。

今は、一也がこういう結果になって、よかったと思っております。なんの罪もないご夫婦にあんなことをして、償いようがございません。

地獄で苦しみ尽くせばいいと思っております。あのご夫婦の何倍も何十倍も、残酷な目に遭えばいいと思っております。自分が何をやったのか、そこで思い知ればいいと思っております。

そして地獄で苦しみ尽くして、もう一度死ねばいいと思っております。ただ、きっとそのころには、私ももうそこにいってるだろうと思っております。そのときは、一緒に罰を受けるつもりでおります。どんな罰でも一緒に受けるつもりでおります。

ただ、一度だけ、本当に一度だけでかまいません。そこであの子のことをこの手で抱かせてもらいたい……。

いや、分かっております。そんなことをする資格は私たち親子にはございません。

申しわけありません。本当に申しわけありません。

映画「怒り」

映画「怒り」

監督・脚本
李相日

音楽
坂本龍一

出演
渡辺謙
森山未來
松山ケンイチ
綾野剛
広瀬すず
宮﨑あおい
妻夫木聡
ほか

残忍な夫婦殺人事件から一年
犯人は整形し逃亡を続けていた
そして現れた3人の謎の男
愛した人は殺人犯なのか？
あなたを信じたい――
怒り
渡辺謙　森山未來　松山ケンイチ　綾野剛
広瀬すず　佐久本宝　ピエール瀧　三浦貴大　高畑充希　原日出子　池脇千鶴
宮崎あおい　妻夫木聡
監督・脚本：李相日　原作：吉田修一　音楽：坂本龍一　主題曲：坂本龍一 feat. 2CELLOS
9.17

第二章　エッセイ

映画撮影現場を訪ねて

吉田修一

東京篇

東京には様々な顔があって、その顔がまた様々な表情を持っている。

成城にある東宝スタジオを訪れたのは、二〇一五年八月の終わり、気持ちのいい風が吹く中、蟬は旺盛に鳴いているという、東京では珍しいさわやかな夏の一日だった。

都心から向かったせいか、仙川沿いにある東宝スタジオは森の中にでも建っているような雰囲気だった。

広々とした敷地に大きなスタジオがずらりと並び、スタジオ自体は何の装飾もない白い箱なのだが、このシンプルな箱の中で、僕らが胸を熱くしたり、涙を流したり、笑ったり、晴れ晴れとしたりする数々の映画が作られているのかと思うと、その見かけがシンプルであればあるほど、逆にびっくり箱のように見えてくる。

その一つにそっと入る。

夏の日差しの届かないスタジオ内は暗く、ひんやりとしている。中では映画『怒り』東京篇の撮影が行われており、妻夫木聡さん演じる「藤田優馬」と綾野剛さん演じる「大西直人」が暮らす部屋のセットが組まれている。

ベニヤ板に囲まれた室内は見えないが、セットの周りには大勢のスタッフたちが現在行われているというリハーサルを静かに見守っており、その中に以前『悪人』の映画でもお世話になった衣装の小川久美子さんやヘアメイクの豊川京子さんの顔がある。

早速、近寄って小声で挨拶し、急くように「どうですか？」と尋ねた。

「優馬も直人も、すごくいい」と小川さん。

撮影が順調に進んでいることはすでに耳にしていたが、こうやって現場にいるベテランスタッフの生の声に接すると、更に心強くなる。

「二人ともかなり役作りして入ってるから」

「そうなんですか？」

「ずっと二人で暮らしてるんですよ」

「え？」

「撮影前から一緒に暮らして、毎日同じベッドで寝て、一緒にお風呂入ってるって」

「え？」

「撮影中も、ずっと手繋いでたり、キスしたり、イチャイチャしてますよ」

今回、妻夫木さんと綾野さんはカップルを演じている。

二人の出会いはどこにでもあるような、そして初めから終わりが見えているようなものだったはずだが、最後にはお互いがお互いの運命の人となる。

運命の人というのは、自分の時間を一番与え、また逆に相手の時間を一番与えてもらった人のことで、もちろんそれは実際に一緒に過ごした時間だけではなく、「会いたい」と相手を思う時間も含んでいる。

正直、素人である僕には、そこまでやるのか、と思われたこの役作りも、ここまでの深い関係や思いをスクリーンに映し出すために選ばれたものであるとすれば、ただただお二人の役への思いに頭が下がる。

たまに、もしこの小説が映像化されたらどんな役者さんにやってもらいたいですか？　という質問を受ける。

これまではどう答えたものか迷っていたが、今ならすぐに答えられる。

「この役柄を愛してくれる人。世界中が敵になったとしても」

リハーサルが終わったということで、セット内に入れてもらった。まず驚いたのは、妻夫木さんの生っぽさということで、少し言い方はヘンだが、人間らしさというか、そこに誰かが演じる誰かではなく、紛れもない「藤田優馬」という男が立っていたことである。

「ああ、この人は○○の香水をつけてるな」と、実際はつけていないにしろ、見ただけでそこまでのイメージが浮かぶのだ。

役者なので、当たり前と言われればそうかもしれないが、以前、映画『悪人』のロケ現場だった真冬の灯台で、海からの寒風に背中を丸めていた妻夫木さんの目は、本当に人を殺した男のように見えた。しかし、同じ人が今度は匂い立つような青年の色気を振りまいている。

「今回の妻夫木くんはとにかく色っぽい。それも、女じゃなく、ちゃんと男を誘う目になってるのよ」

さっきセットの外で、ヘアメイクの京子さんはそう呟いていた。

撮影が再開され、またセットの外に退く。どういうシーンを撮影しているのか、外からは窺えないが、「はい、本番！」という声がかかると、なぜかこちらまで緊張して呼吸をするのも忘れてしまう。

連続する緊張に堪え兼ねてスタジオの外に出た。

西の空が淡く色づき始めている。ケータリングのコーヒーを売るワゴン車の前で、直人役の綾野さんがひとりコーヒーを飲んでいた。

お邪魔かとも思ったが、せっかくなのでご挨拶に近寄ると、とてもあたたかい雰囲気で迎え入れてくれるのだが、役柄のせいか、その目元には淋しさがこびりついている。淋しそうな人が座っているのではなく、そこに淋しさという感情が座っているようなのだ。

「どうですか？」

どんな声をかければよいか分からず、またそんな尋ね方をした。

「はい……」と呟いたまま、しばらく綾野さんの口は動かない。駐車場から機材を積んだトラックがゆっくりと出ていく。すぐそこにある自動販売機が唸る音も聞こえる。

「……この役は、果てしないです」

一瞬、意味が分からなかった。

「果てしない？」

「はい。……なんというか、どこまで追いかけても捕まえられないというか……」

きっとこの人の魅力はこの声なのだなあ、と思いながら話を聞いていた。綾野さんは直人という人間をいくら摑もうとしても、なかなか摑めないのだという。ただ、誰にも摑めないのが直人の魅力なのだということも分かっている。

そして綾野さんの声もまた、どこまで追いかけても捕まえられないように聞こえる。綾野さんはまるで、自分の声をずっと追いかけているような話し方をする。

この日、結局、夜まで撮影を見学した。

すっかり日も落ちたころ、やっと夕食の時間になり、スタジオからスタッフやキャストが出てきて、ケータリングの食事が始まる。

スタジオの外に長テーブルがいくつも並び、月明かりの下での夕食となる。誰もが黙々と箸を動かす。こんなに人がいるのに、このあとの予定や連絡事項の会話以外、あまり人声がしない。かといって、雰囲気が悪いわけではない。

職場の充実というものを表現しようとすれば、もしかすると、このような無口な光景になるのかもしれない。

食べおわった者からさっさと食器を片付けて、スタジオへ戻っていく。照明や美術スタッフの腰袋には金槌やスパナやガムテープなどがぶら下がっており、歩くとガチャガチャと鳴る。それがなんとも耳に心地いい。

『怒り』という物語は、ある残忍な殺人犯を追う物語である。八王子で何の落ち度もない夫婦を殺害した男が顔を整形して逃亡を続ける。そんな中、千葉と東京、そして沖縄に身元不明の男がそれぞれ現われる。

今回、ロケ現場を尋ねた東京パートでは、妻夫木さん演じる「藤田優馬」が、

「大西直人」という身元不明の男と出会う。二人の物語はここ東宝スタジオはもちろん、太陽が照りつける真夏の東京各所、たとえば青山でのプールパーティーや、桜新町・中目黒の路上、また新宿二丁目やハッテンバなどで撮影された。

そんな様々な場所も、第三の登場人物と言ってよいのではないだろうか。最初にも書いたが、東京には様々な顔があって、その顔がまた様々な表情を持っている。

そんないくつもの顔が、いろんな表情を見せながら、優馬や直人と共に描かれていく。都会である彼らは、優馬や直人にときに優しくもあり、またときにひどく厳しい。

この映画の最後で、東京という街が優馬や直人にどんな顔を見せるのか。匂い立つような色気のある顔であって欲しい。誰かの淋しさに寄り添ってくれる顔であって欲しい。

沖縄篇

以前、世界各地を飛び回っている旅行ライターに、「で、結局のところ、世界で一番きれいな海ってどこなんでしょうね？」と尋ねた際、返ってきたのが、「沖縄ですよ」という答えだった。その理由はいくつもあるが、やはり珊瑚礁の存在は大きいらしい。

九月の初め、その沖縄の海を小型ボートは軽快に走っていた。夏の日を浴びた沖縄の海はどこまでも澄んで青く、そして広い。

向かっているのは、那覇から二十キロほど沖合に浮かぶ前島という無人島で、そこでは映画『怒り』沖縄編の撮影が行われていた。

波に乗り上げるたび、小型ボートは大きく揺れる。揺れれば、目の前に迫ってくる無人島もまた大きく揺れる。

この前島、戦前にはカツオ漁が盛んで住人も二百人ほどいたとWikipediaに書いてあるが、一九六二年の台風被害でほとんど無人島と化したらしい。この島に元は宿泊施設だったという廃墟があり、ここに『怒り』沖縄編で森山未來さん演じる「田中信吾」が住み着くことになる。

小型ボートが着岸したのは、朽ち果てそうな小さな岸壁で、コンクリートが崩れ、剥き出しになった杭はすっかり錆びついていた。ただ、この岸壁に大きなテントが張られ、テントの下ではスタッフの方々が多くの機材と共に休憩されている。なかでも照明の中村裕樹さんなどは島に住み着いている伝説のサーファーみたいな風貌で、「おーい、こんなとこまでよく来たねえ」と手を振ってくれる。

沖縄の青い海をボートで……となると、さすがに仕事という気分もなくなるので、こちらも気楽に「おーい」などと手を振り返しながら、いざ無人島に上陸した。

上陸後、すぐに案内されたのが廃墟だった。

すでに写真では見せてもらっていたが、さまざまな生命が漲っている真っ青な海をバックに、風と時間に晒されて朽ち果ててしまった廃墟の姿は、逆にとても人間的で、まるで何かの感情を持っているかのようだった。

すっかり観光気分なので、廃墟のなかを散策し、記念にと写真などを撮っていると、撮影場所となる建物の屋上に森山未來さんの姿があった。

早速、梯子を上ってみると、そこはテラスのような場所になっており、気持ちの良い風が吹き抜けて、視界は青い海だけになる。

ただ、何日も洗っていないような髪を伸ばし、無精髭をたくわえた森山未來さんがそこに立っていると、景色の遠近が狂うというか、どこか違和感がある。

初対面の挨拶をして、しばらく話を伺っていると、森山さんは撮影が始まる前からこの無人島で寝泊まりしているという。

さすがに驚いて、「一人でですか？」と尋ねれば、「基本は一人です。何度かスタッフが作業で泊まった日もありますけど」とさらりと答える。

今回、森山さんが演じる「田中信吾」は、いわゆるバックパッカーで沖縄の島々を旅しているのだが、バックパッカーが野宿するにしても、さすがに水道くらいはある場所を選ぶはずだ。

改めて目の前の森山さんを見た。荒んで見えた。風貌がというよりも、その心が荒んで見える。もちろん森山さん本人は荒んでいないのだから、この撮影までに見かけだけではなく、心まで荒ませてきた彼の役作りに畏怖の念さえ抱く。

そのせいもあるのか、この人になら原作者としての正直な気持ちを話してもいいような気がして、こんなことを言っていた。

「僕は、この田中信吾という男をどうしても好きになれなかったんですよ。普通はどんな登場人物でも最後には親近感が湧くんですが、この田中という男だけはなぜか最後まで好きになれなかった……」

本当にそうだった。

作者として、自分が作り出した人間は必ず愛したいと思う。それがどんなに嫌な奴だったとしても。実際、これまでの作品はそれができた。でも、この田中だけは好きになれなかった。おそらく、この田中という男のことを最後まで理解できなかったせいだと思う。

森山さんはじっと話を聞いていた。そして、聞き終わると、こう言った。

「僕はこの田中という男を愛してやろうと思っています。他に味方がいなくても、僕だけは理解してやろうと思っています」と。

このとき、どんな気持ちになったか、うまく説明できない。これまでに経験したことのある感情ならば言葉にもできるのだろうが、未だにその言葉が見つけられない。

ただ、うれしかった、ということだけは言える。

もちろん単純に「うれしい」だけでは片付けられないのだが、自分が好きになれなかった田中を、もしかするとこの世界には誰も味方がないかもしれない田中のことを、少なくとも、ここにいる森山さんだけは見捨てないでいてくれるのだと。

この日の前日、沖縄名護市の先にある運天港からフェリーで伊平屋島に渡り、沖縄編で「田中信吾」と知り合うことになる高校生で、広瀬すずさん演じる「小宮山泉」と佐久本宝くんが演じる「知念辰哉」のシーンを見学していた。

午後に到着したとき撮影していたのは、二人が「田中」の住み着いている無人島からボートで戻ってくる場面だった。この場面、ただの到着シーンに見えて、実はかなり複雑で、まず「辰哉」が勇気を振り絞って「泉」をデートに誘うのだが、途中で沖縄の米軍基地反対運動に熱心な辰哉の父が車で通りかかり、そんな父親への「辰哉」の思いと、またそれとは別に、この島に引っ越してきたばかりの「泉」の心細さまで表現しなければならない。

驚いたのは、まだ十六歳と十七歳だという二人の、気持ちが良いほど堂々とした演技だった。もちろんここに来るまでに、そうとうの苦労があったとは思うのだが、それでも監督やスタッフたちが唸るほどの演技を二人は見せていた。

キャリアを積んだ森山さんとは逆で、たとえば広瀬すずさんは「小宮山泉」に愛されているように見えたし、佐久本宝くんもまた「知念辰哉」という少年にすっかり気に入られているように見えた。

ただ、この二人が演じる「小宮山泉」と「知念辰哉」は、物語のなかでかなり深刻な出来事にぶつかることになる。

完成した映画を見ていただければ分かると思うが、広瀬すずさんは本当によくやった。本当に必死にこの役に食らいついて、彼女にしか流せない涙を流し、彼女にしか出せない叫び声を上げ、そして彼女にしか演じられない「小宮山泉」を作り出した。

小説のなかで「小宮山泉」という少女を描いたのはたしかに僕だが、「小宮山泉」という一人の少女が、間違いなく「今、この日本のどこか」にいるのだと証明してくれたのは広瀬すずさんだし、同じように「知念辰哉」という少年の純真もまた、今、この日本のどこかにあるのだと、佐久本宝くんが証明してくれたのだと思う。

遅くまで続いた撮影が終わり、夕食は島の公民館のような場所だった。東京などと違い、夏でも日が落ちると気温は下がるようで、開けっ放しの大きな窓から夏の夜の匂いがする風が吹き込んでくる。

マネージャーさんと一緒に食事を載せたトレーを持って入ってきた広瀬さんは風呂上がりなのか、少し髪が濡れていた。すぐ近くでは、佐久本宝くんが旺盛にごはんを食べている。

炎天下で一日中続いた撮影に疲れ果てたスタッフのなか、この二人だけがきらきらと輝いて見えた。本当にどこかから照明が当っているのではないかと思えるほどだった。単に二人が若いからというわけではないと思う。大げさにいえば、さっきまでいた青い海が二人についてきているようだった。

おそらく二人は、それぞれの役からだけでなく、沖縄の海からも愛されていたのだろう。物語のなか、二人は過酷な運命を背負うことになるのだが、そんな二人を世界で一番美しいという沖縄の海は決して見捨てないのだろうと思う。

千葉篇

始まりは今から四年ほど前、二〇一二年七月のうだるような暑さの夏の日まで遡る。三ヵ月後の十月下旬から『読売新聞』朝刊で連載小説を書くことになっていた。残忍な殺人事件を起こし、顔を整形して逃亡を続ける男。その逃亡犯と出会った、もしくは出会ったかもしれない人々の物語。

話の大枠は決まっていたが、まだ何かを摑めずにいた。最初に出てくる場所は寂れているわけでもなく、かといって以前の活気が残っているわけでもない漁港の町。

これまで訪ねたことのある全国の漁港をいろいろと当てはめているなか、この一二年七月にふと浮かんできたのが千葉房総のとある漁港だった。「とにかく見に行ってみよう」ではなく、すでに「ああ、見つかった」という思いだった。

あとはもう居ても立ってもいられず家を出た。まずは東京駅へ向かい、外房線の特急わかしおの切符を買う。切符を買った丸の内口から外房線のホームまではかなり距離があるとわかっていたが、急いできたせいもあって喉が渇き、カフェに寄った。カフェの前にケーキを売る店が並んでいた。その中に一つ人気店があり、長い行列ができている。若い女性ばかりが並んだその行列の中に、ぽつんと中年男性の姿があった。しばらく眺めていると、前に並んでいるのが娘らしく、頻りに、電車に間に合わないと言っている。

カフェを出て、のんびりと外房線のホームに向かった。ホームが遠いとはいえ、まだ余裕だろうと思っていたのだが、歩いても歩いても先は長い。途中で焦りだし、小走りから最後にはとうとう駆け出した。やっとホームへ下りるエスカレーターに辿り着いたときには発車のベルが鳴っている。必死で駆け下りたが、ホームはもう一つ下の階で、結局、せっかく指定席を買った特急に乗り遅れてしまった。

すでに『怒り』を読んだ方ならわかると思うが、この長篇小説の冒頭は、まさに千葉篇の主人公である「槙洋平」と「愛子」の父娘が東京駅で特急「わかしお」に乗り遅れそうになる場面から始まる。

その後、一本後の「わかしお」で外房の漁港に向かった。窓際で東京湾の景色を眺めながらも、すでに頭の中では『怒り』という長大な物語が動き出している。

到着した外房の駅から漁港まで苛烈な暑さの中を歩いた。途中、さすがに暑さに耐えられずコンビニに寄ると、レジの横に海水浴グッズの棚が特別に設けられ、その色とりどりの商品が目に楽しげに映る。

冷たいお茶を買い、また真夏の太陽の下を歩き出す。ただ、到着した港はそれまでの比ではない暑さだった。岸壁のコンクリートではもろに太陽が照り返し、足元の自分の影を見ているのに眩しくて目も開けられない。湾内は静かで、ただギラギラと輝いている。上空では夥しい数のトンビが獲物を狙って鳴いている。汗だけが流れた。顎を伝ってぽとぽととコンクリートにしみを作る。その瞬間、ここに来たはずだと思えた。それが逃亡犯なのか、逃亡犯によく似た誰かなのかはわからないが、紛れもなく「誰か」がここに立っていたはずだと確信できた。

それから三年と数ヵ月が経った去年の夏の終わり、再びこの外房の漁港を訪れた。

この日、眩しいほどの日を浴びた岸壁では映画『怒り』の千葉篇が撮影されていた。この物語は八王子で殺人を犯した男が逃亡するところから始まるのだが、東京、千葉、沖縄の三ヵ所にそれぞれ犯人かもしれない男が現れる。

そのうち千葉外房の漁港に現れるのが、松山ケンイチさん演じる「田代哲也」で、渡辺謙さん演じる「槙洋平」やその一人娘で宮﨑あおいさん演じる「愛子」と、素性を知らせぬまま関係を深めていく。

ロケ現場に到着したとき、眩しいほど白く輝く岸壁では「愛子」のシーンが撮影されていた。ギラギラと輝く外房の海を背景に、「愛子」が公民館前に貼り出された全国指名手配中の殺人犯のポスターを見つめている。

まずはっと息を飲んだのは、そこに立つ宮﨑あおいさんの横顔だった。簡単に言ってしまえば、これまで見たこともない彼女がそこに立っていた。

実はこの映画化の話が出たばかりのころ、李相日監督と千葉篇の愛子についてお互いのイメージを伝え合ったことがある。その際、驚いたことに二人とも同じ映画を挙げたのだ。映画のタイトルは控えるが、この古い名作映画のなかで、ある往年の大女優がはかなくも力強い女性を演じていたのだが、そのイメージが愛子と重なっていた。

眩しいくらいの岸壁に立っている「愛子」を見たとき、息を飲んだのは、まさにそこにその女優が立っているように見えたからだ。

もちろん顔立ちが似ているわけではない。もちろん真似をしているわけでもない。なのに似ている。では何が似ているのか。

息を飲んだまま、撮影を見学した。何度もカットがかかり、何度も同じ場面が繰り返される。かなり離れた場所から見ているのに、テイクが増えるたびに振り返る愛子の顔が、どんどんこちらに迫ってくるように感じる。距離は変わらないのに、その顔がどんどんアップになってくる。

はかなさと力強さ。おそらくその案配があの女優に似ているのだ。「私を愛してくれ」と願う分量と、「あなたを愛する」という分量が、完璧な混じり方をして、そこに立っているだけで一人の女性の人生が見えてくる。

やっと「ＯＫ！」の声が響き、こちらまで普通に呼吸ができるほど、現場には緊張感が張りつめていた。

そういえば、李組の撮影現場を見学させてもらうときは、たいてい録音の白取貢さんのそばにいる。そこに小さなモニターがあって撮影中の絵を見られるのも理由の一つだが、この白取さんの陣地はスタッフが集うカフェのような場所になっており、その上、ご本人がとても食通な方なので、そばにいると香りのいいコーヒーを淹れてもらえたり、あるときなど旨いあたりめまで炙って頂いたことがある。

「お疲れでしょう？　たまにはご自宅に戻れてるんですか？」と尋ねながら、やっぱりこのときも美味しいコーヒーをご馳走になった。

「ええ、この前、ちょっと戻りましたよ」

真夏の東京、沖縄、そしてここ千葉と、撮影はすでに二ヵ月以上続く強行軍で、スタッフの方々の顔にも疲労の色が濃い。実際、李組は特に厳しいらしく、明け方まで撮影したあと、スタッフは準備のために六時起きという日が続くこともあるという。

こういう現場を見学させてもらっていつも思うのは、映画のスタッフというのは「ぶれない」人たちの集まりだということだ。

当然、自分の仕事にぶれがない。だから相手への要求にもぶれがない。もしかすると、そういう筋の通った人たちが集まっている集団だからこそ、今の時代になっても、李組などと組名で呼ばれているのかもしれない。

あいにく撮影現場は見学できなかったが、「田代」を演じた松山ケンイチさんがスタッフの方々と談笑している姿を見た。彼もまたぶれない仕事をする人だと思う。

昼食を挟んで、午後は槙洋平の自宅での撮影となった。

洋平の家は、実際に漁師をしている方の自宅を借りているという。この漁港は少し変わった造りになっており、まず船着き場、漁協の建つ岸壁があるのだが、そこからすぐに高い断崖となり、この断崖の上に家々が並んでいる。なので、家へ向かうときには、岸壁からこの断崖に張りつけたような急な階段を上っていく。
撮影開始までまだ間があるというので、この家でスタンバイしている渡辺謙さんにご挨拶に行った。

渡辺さんは今回の映画『怒り』で主演を務めて下さる。この配役が決まったとき、もちろんうれしかったのは当然だが、逆に身が引き締まるような思いがしたことを覚えている。

少し話は逸れるが、僕は一九六八年生まれで野茂英雄さんと同世代になる。九五年に彼が海を渡ったとき、どう説明すればいいのかわからないが、「ありがとう」という心からの気持ちが湧いた。それまではまったく見えず、また見えるはずがないと思っていた景色を、彼が見せてくれたからだ。

同じ意味で「渡辺謙」という役者は日本の歴史に名を刻む。誰よりも先に外へ出るという、簡単そうで実は誰にも真似できないことを成したからだ。

きっと後年、僕らは渡辺謙という俳優と同じ時間を生きていたのだと改めて気づかされると思う。時代というのはそうやってできていくのだ。だからこそ、この時代に書いた自分の小説が映画化され、そこに渡辺謙の名前が主演として残るということはどれほど名誉なことかと思うし、この配役が決まったとき、うれしいと思う以上に、その重みに身が引き締まったのだろうとも思う。

岸壁からの急な階段を上り、洋平宅に向かうと、その古びた六畳の居間に渡辺さんはあぐらをかいて座っていた。撮影のために手を入れたということもないようで、室内は漁師の方が何十年も暮らしてきた証拠のような、軋みと匂いがあった。

高台の家から海が一望できた。渡辺さんはその海を眺めていらした。その表情や肩からは力が抜け、穏やかな目元にはこの部屋と同じ軋みと匂いがある。

「どうぞ、どうぞ」

「すみません、おじゃまします」

そこに座っていたのは、渡辺謙さんではなく、すでに槙洋平だったのかもしれない。その言葉に甘えて座敷に上がり、なんとなく外の海を一緒に眺めた。

「今晩、こっちに泊まるんですって？」と渡辺さん。

「はい。明日も見学させてもらおうと思って」

「だったら今日の夜、焼肉でも食べに行きましょうよ」

「いいんですか？」

その後もなかなか撮影が始まらず、かなり長い時間をそこで渡辺さんと過ごした。渡辺さんはなぜこの映画に出ようと思ったかとか、キツい李組の撮影のことなどをざっくばらんに話してくれる。

「ただね、こう思うんですよ。あいつ、李相日はこの作品だけに三年間ずっと向き合ってきたんだって。三年ですよ。けっして短い期間じゃない。その時間のほとんどを、この『怒り』と向かい合ってきた男の言葉は重いですよ。だからこそ、『よし、こいつを信じてみよう』と思うんですよ」

おそらくこの『怒り』という映画で、漁村の親父役を演じる渡辺謙さんは「世界のケン・ワタナベ」たる、その一切のオーラを消した演技を、間違いなく各方面から評価されると思う。だが、僕はそれに冗談じゃないと言いたい。

実際、見学させてもらったシーンにいた「槙洋平」の表情や言葉には、この漁村で生きてきた男の体温があった。だからこそ、冗談じゃないと僕は言いたいのだ。この『怒り』という映画で、渡辺さんは一切のオーラを消したのではなく、五十年以上、この漁村で辛抱強く生きていた男のオーラを完璧に纏っているのだと。

翌日、宿泊した旅館を出て現場に向かうと、すでに撮影は始まっていた。撮影場所は愛子が田代哲也と暮らすことになるマンションの一室で、この日、撮影されるのは、慟哭する愛子を抱きしめる父親という、物語のクライマックスでもある。

現場ではスタッフの方々がいつものように黙々とそれぞれの仕事を進めている。これが今回のように悲しいシーンであれ、笑えるシーンであれ、プロというのはまったくその動きを変えないのだろうと思う。

何度も、ほんとうに何度も何度も、カメラ位置、俳優の動き、窓ガラスの反射具合などの調整が繰り返され、それでもなかなか撮影がスタートしない。

いつものように白取さんのそばでコーヒーをご馳走になっていると、カメラの笠松則通さんがふらりとクレーンから降りていらした。

映画『悪人』でも撮影を担当して下さった方だ。

「どうしたんですか?」と声をかけると、「監督が悩んでるよ」と微笑む。

「……まあ、まだしばらくは、悩んでるだろうね」

たぶん笠松さんは昨夜も十分な睡眠時間が取れていない。それでも、今日の撮影がいくら長引いたとしても、監督が納得することを優先させるのだ。

おそらく笠松さんのこの一言のようなものが、『怒り』という映画の撮影現場のあちこちにあったのだと思う。そのうちの一つでも欠けていたら、きっと映画は違った出来になっているはずだ。

夕方、撮影現場をあとにした。

車で近くの駅まで送ってもらい、そこから都内へ電車で帰った。特急まで少し時間があった。ふと、普通の電車で帰ってみようと思った。幸い普通の電車ならすぐに来るという。どこかで特急へ乗り換えもできるだろうと、呑気な気持ちで来た電車に乗り込んだ。

たまたまその車輌には他に誰も乗っていなかった。たまに差し込む夕日が足元を窓枠の形で走ってくる。

外房の山を眺め、海を眺め、電車の音だけを聞いていた。気がつくと、「怒り」という感情について考えていた。

四年前、何かに導かれるようにここ外房へやってきたとき、すでに「怒り」というタイトルは決まっていただろうか。おそらく決まっていたはずだ。では、あのとき抱いていた「怒り」と、書き終えた今思う「怒り」とは同じ性質のものだろうか。

最初は犯人捜しから始まったとしても、見終わるときにはその誰もが犯人じゃなければいいのにと願ってしまうような映画にしたい。

これは撮影が始まる前、李相日監督が言っていた言葉だ。

第三章

インタビュー

『怒り』と吉田作品の魅力

李相日

李相日
リ・サンイル

一九七四年新潟県生まれ。大学卒業後、日本映画学校に入学。九九年に卒業制作として監督した『青chong』が、ぴあフィルムフェスティバルでグランプリ他四部門を独占受賞してデビュー。〇四年『69 sixty nine』で監督に大抜擢されメジャー進出。〇六年『フラガール』は、日本アカデミー賞最優秀作品賞、監督賞を始め、国内の映画賞を独占、第七九回アカデミー賞の外国語映画賞の日本代表に選出された。一〇年『悪人』では、キネマ旬報ベストテン日本映画第一位、日本映画監督賞、脚本賞に輝く。一三年『許されざる者』は、オリジナル作を明治初期の蝦夷地を舞台にリメイクした。現代の日本映画界を牽引する監督のひとりである。

『怒り』映画化の第一印象は「これは難しいや」

――映画『怒り』を拝見しまして、圧倒されました。李監督が最初に原作を読まれたのはいつだったのでしょうか。

李　帯に推薦コメントを依頼されたので、本になる前のゲラの段階で読みました。『悪人』でご一緒して以降、コメントを頼まれるのは初めてだったので、「あれ、今回は何か期するものがあるのかな」と。別に待っていたわけじゃないですけれど（笑）。これは予め映画化を考えておられるのか、あるいは吉田さんのなかでかなり手応えがあるのかな、と思いました。いずれにせよ、何かがあるんだろうなと思いながら読み始めたら、それこそもう、止まらなくなって。止めてしまうと、大切な欠片を零してしまいそうで……。

吉田さんの作品はいつもそうなんですけど、普通の人には思いつかない視点から書かれている。『悪人』の公開後、何度かお話しする機会があったんですが、その時に「たとえば実際に起こった幾つかの未解決事件を映画の題材にしてみたいんです」という話をしたことがあって。吉田さんも同じように関心をお持ちだったので、『怒り』のあらすじを伺った時にああ、と腑に落ちたんですが、読み進める内にまさかこの視点から描くのか、という驚きは大きかったです。

僕ら普通の感覚だと、やはり事件を軸に物語を作ろうとする。どうしても事件そのものに直接的に関わろうとする人物を追いかけてしまうんですね。でも吉田さんが秀逸なのは、事件そのものを当然描きつつ、まったくそれとは無関係な場所で、ただ、事件によって確実に自分の心に問いかけるもの、自分の心に突き刺さる何かを持つことになってしまう人物に焦点を当ててるんですよね。たぶん、映画に携わっている我々が簡単にはたどり着かないところだと思うんです。

——確かに、誰が犯人かということではなく、自分の身近な人が容疑者かもしれない、と思った人たちの話がメインですよね。

李 だいたい殺人事件を主に扱う映画だと、謎解きのサスペンスであったり、犯人の動機や内面に迫って行くフィルムノワールになりがちです。なので観客も、どこか自分とは直接的には関係のない話だと思いながら観る。でも吉田作品の場合は、読むと〝自分を見る〟ことになる。自分の中にある弱い心だったり、もしかしたら蓋をして目を逸らしている嫌な自分だったりを、作中のキャラクターを使って、どんどん暴いてくるというか……。そういう対峙から逃れることの出来ない読書の楽しさというか、気持ち悪い心地よさ、みたいなものがあって。吉田さんの小説は、そこが特殊ですよね。

——読み終えた時、すぐに映画化したいと思われたのですか。

李 いや、正直、「これは難しいや」と思いました。ボリュームもありますし、純粋なミステリーというよりは観念を発端とする作品なので。一言のフレーズで表せる作品のほうが映画になりやすいとよく言われますが、そういうものとは違いましたから。そもそも「怒り」という言葉からいろいろなものが連想できますよね。答えが明確にないんですよ。はっきりと摑めない観念的なものを、物語とキャラクターを使って映像表現していくハードルの高さは、読んですぐ感じました。『悪人』の時は読んでいる最中から「映画にしたい」と思えたんですけど、『怒り』の場合は「待て待て」と（笑）。作品と自分の間に一回距離を置いて、どうするんだろうって考えたくなりました。でも送られてきた原稿からはひしひしと「映画にできるものか」という圧が伝わってくるんですよね（笑）。本の帯コメントを書く以前に、吉田さんにどう伝えるか、一言目をずいぶんと悩みました。

――『悪人』の時は吉田さんご本人との共同脚本でしたが、今回はおひとりで書かれたんですね。

李 今回は吉田さん、のっけから「お任せします」ってボーンッと丸投げされまして（笑）。まあ、でもたぶん、僕自身もどこかで自分一人で向き合わないと、三ヵ所のストーリーに加え、犯人まで含めた情報量がきちんと腹に落ちて来ないな、と思っていました。

オールスターキャスト、その意図

――映画では、犯人を追う刑事の物語は省かれて、東京、千葉、沖縄の三ヵ所の人たちの物語に絞ってありますね。それは最初から決めていたのですか。

李　決めていました。タイトルが『怒り』であり、犯人が殺人現場で「怒」という文字を残すだけに、「じゃあ怒りとは何なのか」ということが、映画の中で追いかけていくべき大事な要素なわけです。東京、千葉、沖縄と三ヵ所それぞれの話には、理由は違えど「怒り」という感情がくっきり浮かび上がる瞬間があるんですよ。ものすごく強い磁力が生まれる。

刑事側の物語に「怒り」がないわけじゃない。ただ、最初に話したように視点なんです。

意識的に犯人を追いかける刑事より、無作為に、無意識に人との関わりの中で捕われてしまう「怒り」の方により強さと激しさを感じたんですね。しかも、どこの誰にでも起こり得るものとして捉えたかった。なので、刑事の背景はなるべく削除して、三つのエピソードに絞りました。三ヵ所の話を完全に均一化し、ひとつの物語として着地させることで、初めて「怒り」という概念が浮かび上がり、観た人にもその輪郭を示唆できるのでは、と考えました。

——ただ、脚本ではもっと多くの場面があり、実際に撮影もされたと聞いています。出来上がった本編は二時間二十二分ですが、最初は四時間あったとか。それでもよくこの長い話をその時間に収めたな、とは思いますが。

李　それくらいにはなりますよね。例えば、長い会話をするシーンがあるとして、通常一ヵ所で捉えるものを、この作品では三ヵ所で同時に会話を行い、それを繋げることでワンシーンになるとします。東京の会話で出た質問を、千葉の誰かが答える、そして沖縄の誰かが驚く、のように連鎖して行くわけです。だとしても、撮影するとなると、じゃあその台詞だけこの人を撮ります、ということにはならない。それぞれの場所で一人一人そのシーンを丸々撮影します。結果的に三つを編集でひとつに繋げていくんですが、この映画はストーリーが三ヵ所で同時に展開しますから、単純に通常の三倍になります…って、言い訳ですかね（笑）。まあそれでも、最初によく四時間で収まりましたね。

——俳優さんが熱演した素晴らしいシーンでもカットしなければならない部分も多かったのでしょうね。

李　前述の通り三ヵ所のストーリーがありますから、どれかを選択しながら進まなければなりません。なぜなら、スクリーンは一つですから（笑）。どんなに良いシーンでも、東京、千葉、沖縄と、三回続くと人間慣れてしまいますよね。悪くすると飽きられると言うか……本当に見せたい、感じさせたい瞬間を絞らざる得なくなる。なので、例えば優馬なら優馬で、活かしたい場面、一番強く印象に残したいシーンのために、その前段に良いシーンがあったとしても、そこは千葉や沖縄に譲ったり、ということが生じるんですね。

思いとしては、それぞれが一本の映画としても成り立つつもりで撮影していました。

——キャスティングも、主要な登場人物が多いだけに大変だったのではないでしょうか。見事にオールスターなキャストですよね。

李　たぶん、観る人のほとんどが、知っていて、ある程度イメージできる俳優ばかりですよね。この映画は話が前後したり場所が替わったりしながら進んでいくため、見知っていることも観客にとって有為に作用すると考えました。この人の話があって、次にこの人の話があって、さらに次はこの人の話で……とぐるぐる回っても、それぞれの人に気持ちを残しながら観ることができる。

それと同時に、誰もが思い描いているその俳優のイメージを裏切っていきたい気持ちもありました。どこかで裏切りながら、でも印象はきちんと残すことができる、という意味でのオールスターですね。キャリアと名のある人を揃えるだけでなく、それぞれのイメージを映画の中で俳優さん自身がチャレンジして覆して行く。それこそが、豪華キャストの醍醐味ではないかと思っています。

――妻夫木さんは原作を読んで「優馬をやりたい」と思われたそうですが。

李　一度はゲイの役にトライしてみたい、とは以前聞いたことがありました。罪を犯す役は『悪人』でもやりましたし、ある意味、また違った形で演じられるかもしれない。でも、ゲイであることに加えて、虚栄心や猜疑心を抱えた複雑な人物を演じられる機会はそうそう巡り会えません。そう言った意味で、彼が優馬を欲するのは非常に理解できます。

――犯人かと疑われる三人の俳優を選ぶのも難しかったのではないでしょうか。

撮影・本社写真部

綾野剛さん、松山ケンイチさん、森山未來さんのお三方が演じられています。

李 世代が近い、〝塩・しょうゆ顔〟の三人ですよね（笑）。誰が犯人か分からない、というサスペンス要素もありますから、受ける印象の系統は揃えなければいけませんでした。それと、やはり、どこかに陰を漂わせる俳優さんじゃないと。

殺人のシーンには実際に犯人が登場しますが、はっきりと顔は見えません。防犯カメラやテレビに映った犯人の映像、そして要になる指名手配写真も、三人を様々な角度やライティングを探った上で撮影し組み合わせ、最終的にCGも加えてベースを作っています。

よくよく考えて見ると違うはずなのに、小さなきっかけから疑念が膨らんで行く。段々と疑念が高じることで、そうでないものもそう見えてしまう。彼ら三人に関わる登場人物たちそれぞれが、自分の身近にいる男を疑ってしまう姿を丹念に描きたかった。そのための装置にはかなり神経を使いました。

――そういえば原作では沖縄の少女、泉の母親もわりと登場しますが、映画ではほとんど出てきませんね。他にも、原作には出てくるけれど映画にはいない人がいますが。

李　一瞬だけですね。これはどの映画でもあることですけれど、どこまでを背景として説明するか。泉は転々として沖縄に来たわけですが、母親の存在が彼女にどういう影響を与えているのか、なるべく経緯の説明なしに、今そこでその人が発している存在から感じ取ってもらえるようにしたいんですよね。広瀬すずによく言っていたのは、映画には映らない背景がたくさんあるから、一瞬で感じさせなくちゃ駄目だ、ということ。それでいっぱいいっぱい話し合いをして、いっぱいリハーサルをするから恨まれるっていう（笑）。まあ、すずだけじゃなくて全員そうだったんですけれど。

摑みきれない部分が残る原作の怖さ、深さ、凄さ

――李監督は俳優さんを「追い込む」という話を耳にしましたが……。

李　追い込んでいますよ。もちろん俳優さんによって、どう追い込むか、どう言ったら一番効果的なのかは違いますから、それは微妙に変わります。そんな

に手の込む追い込み方はしませんけれど（笑）。うーん、やっぱり最終的には、俳優が自分で見つけないといけない領域があると思うんですよ。僕は、役者さんが芝居している時に一番近くで見ているわけですが、リハーサルから何回も見ていてふと気づくと、役者さんの目ん玉ばっかりずっと見ているんですよね。普段喋る時はあまり人の目を見ないんですけれど（笑）、人の感情は目に出るから。

そうすると、だんだんだんだん、そこに、役者さん本人の意識すら通り越して、そのキャラクターの生身感が出てくる瞬間があるんです。それが欲しくなるんでしょうね。でも、確固とした方法論があるわけではないんですよ。こういうことやって、ああいうことやればそこに真実味が出る、という方法論はないので。問題は役者さん自身が、考えるのか考えることすらやめるのかは人それぞれだと思いますが、もう一瞬たりとも自我が入らなくなる瞬間までいかないと出てこないと思うんですよね。自分はその手助けをしているという。それが「追い込む」と言われるんでしょうけれど。

――それを、主要キャストひとりひとりにやられたわけですよね。

李　そうなんです。だから疲れるんです。（笑）
――三ヵ所合わせてひとつの流れになるように作りつつ、それぞれの抱えている痛みを引き出しつつ、かつ、途中まで誰が犯人か分からないように配慮しつつ……というのは本当に大変ですよね。
李　なにが一番大変だったかというと、常にどこまでも登り坂が続いている感覚がつきまとっていたことですね。最初に撮影した東京篇も難しかったですけれど、それを乗り越えた後、じゃあ次、沖縄で楽になるかというとまた大変で、それを終えたら房総千葉で……。次から次へと強敵が迫る感じでした。後半はちょっと、一瞬脳が停止したりして。「もう明日休みにしてくれ」と音《ね》を上げた時がありましたね。
――今までの撮影現場と比べても、過酷だったんですか。
李　精神的な過酷さなら、今回が一番ですね。『悪人』もそうでしたけれど、『怒り』は、俳優スタッフ含めて、全員で何かを探しながら撮影することになるんです。一番抽出すべきことが何なのかを、探しながらやっていく。だから集中力が要るし、持続させなければならない。それが×3なわけですから。現場が止まることは怖くはないんですけど、自分でも何が分からないのか分からなくなる瞬間は、怖いですね。「したいことは見えてるけど、どうしたらいいのか分からない」なら、探っていけばいい。でも「何が分からないか分からない」という瞬間はちょっと怯《ひる》みます。そういう瞬間が『怒り』では一、二度ありました。今までにあまりない経験でしたね。台本を書いてロケハンも巡り、全てゼロから積み上げてきたつもりなのに、それでも、見落としているというか、つかみ切れていないところがあるというのが、この原作の怖さ、深さ、凄さなんです。そう簡単には手に入れさせてくれない。

役者とのキャッチボールが開く扉

——そういう時の突破口は何だったんですか。

李「寝る」ですよ（笑）。「とりあえずもう帰ろう」って。沖縄で、今言ったほど怯んだわけではないけれど、突破口を探したこともありましたね。森山未來君が撮影の間、実際に無人島に野宿していたんです。那覇から船で一時間くらいの無人島で、僕らスタッフは毎朝通って撮影していました。あるとき、重要なシーンの撮影の前の日になっても、自分の中で固まらないものがあって。一人で部屋で考えてもどうしようもないなと思ったので、その日の撮影を終えた時に「今日俺、泊まるわ」って残ったんですよ。辰哉役の佐久本宝君も呼んで「一緒に泊まろう」と。三人で満天の星を見ながら、「明日大変だねえ」なんて言いながら。翌日の懸案のシーンだけに囚われずに、これまでの撮影の感触や、未來君が演じる田中の人物像、辰哉との関係性について話していました。結局、明快な答えの出ないまま夜明けになったのですが、起きて未來君と話した時にポツリと、「田中が辰哉を抱きしめる」という光景が、お互いほぼ同時に出てきたんです。それが突破口でしたね。そんなふうにギリギリで見つけたりしていました。

——森山さん、野宿されていたのですか。綾野さんはほっそりして、妻夫木さんは筋肉質な感じになっていて、本当にカップルらしくって……。妻夫木さんには「東京篇は妻夫木に任せるから」とおっしゃったそうですね。

李　そうですね、妻夫木君とは三度目ですから。任せる、と言ってハッパをかけました（笑）。

心の支えという意味では、なんと言っても渡辺謙さんの存在です。謙さんとも二度目ですし。戦友の二人に甘えたところは多かったですね。

謙さんも初日から娘役の宮﨑あおいさんの傍を離れずに話しかけていて、僕もあまり入っていけないくらいで（笑）。自分の役のことだけじゃなくて、この映画の中で何が必要なのかを常に先回りして考えてくれていました。謙さんご自身の父娘像も話してくれたりして、少なからず洋平と愛子にも反映されていると思いますよ。

――宮﨑さんも愛子そのものになっていましたよね。真実が分かった時に泣く場面なんて本当にもう、痛々しくて。

李　あのシーンは、「慟哭って知ってる？」というところから会話した記憶があります。宮﨑さんには一番、直接的なことを話さなかったかもしれません。抽象的な言い回しや喩え話をじっと聞いてくれて、最終的にはポツリと「やってみます」と。まるで禅問答みたいに（笑）。けど、そのキャッチボールが嫌じゃなかった。松山ケンイチ君も、演じる田代というキャラクターが捉えどころないでしょう。何を考えているのか、その場その場で安易に理解できるものでもない。それは綾野君が演じた直人にも言えることで、犯人と思われる一人として、怪しさをどう表現するべきなのかが問われます。ただ犯人ぽいから怪しい、ではなくて、他人に心を閉ざしているその佇まいや温度が、相対している人からすると怪しく見えてしまう、そんな風情を話し合いました。簡単には人を寄せ付けない陰をまとって欲しかったんですね。内面はもちろんのこと、外見的にも顔に浮き出る陰影や、身体のシルエット、特に首筋から肩にかけてのラインに儚い雰囲気が出てくれると良いなと思ってましたから。そう言う意味では二人とも、しっかりと心と身体を絞って撮影に臨んでくれました。

「人は正しくはいられない」と描く希有な作家

――みなさんそれぞれの演技が本当に素晴らしかったです。こうして二度目の映画化を手掛けてみて、改めて吉田修一さんの小説に感じたことはありますか。

李　毎回、視点に驚かされるので、自分にとっての指標を示してくれる作家さんですよね。そこを掘ってみたい、探ってみたいと思わせる。人間誰もが持ち合わせる複雑さを多層的に描かれるので、すごく刺激されますし、もっと自分の目で探りたいと思わせてくれるんです。いい意味で、人は正しくはいられないということを示唆していますね。一般的に感情移入しやすいのは、正しい人が出てきて、正しいことで悩んで、正しい間違い方をする物語なんです。でも人ってそうじゃないよね？　というところを吉田さんは書いている気がします。僕が一番ハマる所以です。かなり稀有な存在ですよね。どうしてそこまで人を見抜けるんだろうという。吉田さんの小説には、すごく分かると同時に、なぜ今まで気づかなかったんだろうという感覚が常にあります。だから、いつまでも作品を追いかけたくなるんですよね。

――好きな作品といえば、やはり『悪人』と『怒り』ですか。

李　その反転した姿として、『路（ルウ）』は好きですね。正しくはいられない人を描く反動かも知れませんが（笑）。この先、まだまだ多様な人間の姿を掘っていく方だと思いますが、これだけ純度の高いものを書き続けることは、かなりしんどいはずです。映画監督という立場の僕は僕で大勢の人の中にいるしんどさがあるけれど、小説家は——担当編集者の方もいらっしゃいますが——一人で孤独を引き受けて作品を生まなきゃならない苦しみがありますよね。間違いなく、無意識に身体に負担がくると思うんです。なので、本当に身体に気を付けてほしい。まあ、それはお互いにですよね、はい。（笑）

（聞き手・構成　瀧井朝世）

第四章

吉田修一全作品解説

小説・ショートストーリー・エッセイ／南風ひかり
映画化作品／真魚八重子

小説——1

最後の息子

一九九九年
文藝春秋・文春文庫

【あらすじ】新宿でオカマの「閻魔」ちゃんと暮らす主人公を描いた著者の一九九七年の文学界新人賞受賞作。少し奇妙な同棲生活の一方で、ガールフレンドとも会い続ける主人公の日だまりのような時間が描かれる。長崎の高校の水泳部員を主人公にした「Ｗａｔｅｒ」など最初期の三篇を収録。

作家の第一作には、その全てがあるという。半分当たっていて、半分は嘘だ。文豪の谷崎潤一郎は、デビュー作の短篇『刺青』を書いただけでも天才だったけれど、生きて、苦しんで、書き続けなければ、『細雪』も『瘋癲老人日記』も生まれなかった。

吉田さんの作家としての出発点である「最後の息子」にも、作家の根っこにあるものが全て凝縮されている。それは、「照れ」と「潔癖」だ。オカマと呼ばれる人たちの世界に主人公の若者が触れてゆくこの物語の中で、飲み屋のママとして働く閻魔ちゃんが酔っぱらってくだを巻き、このようなことを言う場面がある。

私はとにかく暴力反対なの！　暴力は下品よ！　人に暴力をふるう奴はみんな、どこかの島でも住まわせればいいのよ。そこで喧嘩でも戦争でも好きなだけさせておけばいいのよ。そうして、私たちは私たちの国をつくりましょう。きっといい国ができるわよ。

暴力を嫌い、戦争を否定し、センスの悪い奴は徹底的にバカにする。この作家の文学には、潔癖なほど倫理的なものが流れている。吉田さんの小説を読むことは、その今を生きる倫理を教わることだ。例えば、女と男の両方の感性を持つ恋人を愛するためには、男役にも、女役にもなれる性技を真剣に取得しなければならないとか、相手を飽きさせない話題の幅を広げるため、リルケの小説も、ハプスブルグ家の歴史も語れなければならないとか。

けれど、真っ当なことを声高に語るやつは、もっと最低なのだ。正しいことを語り、正しく生きることに照れる感受性を、作家の小説は常に求めている。主人公の若者は、自分の生活をハンディー・ビデオで撮影するのが好きな設定となっている。愛着のある人たちや自分の今の気持ちを大切にするこの小説に出てくる人々の生活が、あまりに正しすぎるから、二十八歳の作家は、ビデオのレンズという、現実と虚構を隔てる一枚の幕を読者との間に立てることにしたのだ。

小説――2

熱帯魚

二〇〇一年
文藝春秋・文春文庫

【あらすじ】若い大工の大輔は、小さな娘のいる真実と同棲をしている。彼の借りているマンションに、義理の弟の光男が転がり込んできた。引きこもり気味で、部屋で熱帯魚ばかりを見ている彼の存在に、二人の生活は微妙な変化を始め……。そのほか、倦怠期を迎えた恋人とのせつなさがよみがえるような「グリンピース」など、計三篇を収録。

吉田さんのデビュー作『最後の息子』が倫理について語った小説ならば、第二作の『熱帯魚』は「慎み」について書いた小説である。慎みとは、何か。すなわち、人間は、他人が何を考えているか完全には分からない、もし、分かると思ったらそれは傲慢であるとわきまえることだ。

肉体労働に従事し、物事を重く思い悩まず、一見、明瞭な世界に生きているように感じられる大輔。だがその日々は、深くたどってゆくうちに、全く違う表情を見せ始める。彼は、浅黒い男好きのする体を持った真実が、なぜ一緒に暮らし、どこへ進もうとしているのか分からない。

熱帯魚の水槽に顔を張りつけて、群泳するネオンテトラを毎日のように眺めている光男が、何を求めて自分のもとに来たのか分からない。かつての客だった「先生」が、マンションの部屋をなぜ格安で貸してくれたのかも分からない。よく見えないことばかりに包まれた世界を、自分自身も何をしたいのか理解できず、もがくことになる。

この小説では、芥川龍之介の『羅生門』や『藪の中』について、何度か触れる場面がある。「先生」と呼ばれる人物が出てくることから、夏目漱石の『こころ』が意識されていることも想像させる。なぜ、芥川龍之介や夏目漱石だったのか。それは、彼らが近代文学の中で、物事の深層は常に「藪の中」であり、人間とは理解できない「こころ」を抱えた謎の存在であることを強く意識した作家だったからだ。世界の謎、理解不能な他者といった近代文学の先駆者の抱えた問題を、木屑にまみれた汗くさい男や乳臭く、脇の甘そうな女たちが暮らす現代の世界に置き換えようと試みたのが、『熱帯魚』なのだ。

芥川の小説にひかれる作家は、揺るぎのない精巧な短篇への指向を持つ。形のない世界のもやもやを大輔が受け入れ、人生の慎みを知る瞬間は、『羅生門』のイメージと重ね合わせた鮮やかな結末に結実している。

小説――3

パレード

二〇〇二年
幻冬舎・幻冬舎文庫

【あらすじ】旧甲州街道を見下ろす東京・世田谷のマンションの部屋に暮らす二十代の四人の男女。九州から上京した大学生、人気俳優と熱愛中の無職、イラストレーター兼雑貨屋の店長、映画配給会社の会社員。密度が濃く、薄いような、彼らの共同生活を描いた。純文学系の賞の出身の作家が山本周五郎賞を受賞したことも話題を呼んだ。


楽しい、心地いい、淋しい、哀しい、愛しい、恐ろしい。

デビュー五年を迎えたころから、吉田さんの小説は、一つの言葉では言い表せなくなってくる。作品の中に、いくつもの要素が入り込むようになってきたからだ。小説の肉づきが良くなり、世界が大きく太ってきた。

恋愛や家庭の悩み、人に言えない過去。それぞれの傷を心の底に深く沈め、マンションをシェアして暮らす若者の群像劇は、いかにも青春小説風に見える。パジャマ兼用のスウエット姿で枝毛を切ってばかりいる無職の琴ちゃんや、七万円で買った中古のマーチに「桃子」と名付けてしまう大学生の良介など、出てくるのは好感を抱かせる人物ばかりだ。

日本の人々の三十代後半以上の多くには、『めぞん一刻』願望というものがある。あの高橋留美子の漫画の中に描かれたように、見知らぬ男女が心地よく、一緒に暮らせる温々とした空間がどこかにあると無意識に思っている。人間同士の結びつきが社会から失われるほど、それらを求める人々の深層願望を、『パレード』は受け止めた作品のように見える。

だが、甘く、さわやかだったはずの世界は味わううちに、舌の先から苦い味へと変わってゆく。次第に、それが何の味だったかさえ分からなくなってしまう。

この小説には、二〇〇〇年代初めの社会の気分が良く表れている。ITバブルなどで一瞬景気がよくなり、根拠のない楽天的な気分が広まったものの、二〇〇一年の九・一一、米・同時多発テロで急速にしぼみ、世の中が萎縮していった。あのころ私たちは、確かに綻びだらけの世界を、太鼓叩いて、笛吹いて、パレードするように生きていた。今の一瞬だけを積み重ね、誰もがみな、明日を見ないようにして生きていた。

作品の中に出てくる能天気のように見えて、蒼暗い影が落ちる人物たちには、個人的な事情と当時の社会の色調が映り込んでいる。物語の器の中で、個人と社会とが激しく拮抗している。生きている社会の空気感を写し取ることに長けた作家の初期の代表作なのだ。

小説──4

パーク・ライフ

二〇〇二年
文藝春秋・文春文庫

【あらすじ】バスソープや香水を扱う会社で働く主人公は、日比谷公園でよく遅いランチなどを取っている。ある日、心字池を見下ろすベンチで男は、スターバックスのコーヒーを片手に持ち、風に乱れる髪を押さえる女を見かける。彼女は、地下鉄で間違って話し掛けた女だった。都会の公園の開放的な空気感が漂う芥川賞受賞作。

小説とは、勝手な解釈をしてはならないものだ。倫理的な観念、社会的な文脈、作家の個人史、他者の評価など、全て結びつけてはならない。書かれたものと裸の心で、あるがままに向き合えばいい。

この芥川賞受賞作は、都会の公園を舞台にした「何も起こらない小説」などとよく語られる。確かに、主人公と「スタバ女」の間に何が起こるわけではないし、公園の描写は結構長いし、猿のラガーフエルドはかわいいし……。だが、この作品を「何も起こらない小説」と語っても何も読んだことにはならないし、少し気をきかせて、「何気ない日常に潜む怖さを探る小説」と語ったところで同じだ。それは例えてみれば、試合を見ずに「ラグビーのエディー・ジョーンズヘッドコーチの日本代表での指導は鬼のように厳しかった」などと語るようなものだ。

作品の中の言葉や場面にもっと、向き合わなくてはならない。「死んでからも生き続けるものがあります。それはあなたの意思です」と書かれた日本臓器移植ネットワークの広告や、公園の噴水広場で熱気球を挙げようとする男性、「開眼片足立ち」と書かれた厚いプラスチック製の板。人間は断片的な物事に囲まれて、脈絡のない人生を送っていることを認めるのが恐ろしくて、様々なものを「物語」にしようとする。この小説はそれらを拒み、文字を追う喜びを取り返し、そこはかとなく生の一筋縄ではゆかなさをにじませる。

本作を書き上げた後、作家には二つの道があったはずだ。都市で暮らす現代人の中にある生の浮遊感を突き詰め、それらをめぐる言語表現を洗練させ、「無の有」を探る道。もう一つは、現代社会の中での各個人の浮遊感をとらえ直し、大きな小説に挑む「有の有」を行く道。どちらでも大成できたはずの吉田さんは、後者を自分の主戦場に選んでゆく。

三十代前半の一人の人間として、それは当然のことだ。これから作家の生きることになる時代には、イラク戦争、非自民連立政権の成立、東日本大震災と福島第一原発の事故、熊本地震など大きな社会的出来事が次々と起きたのだから。

日曜日たち

小説――5

二〇〇三年
講談社・講談社文庫

【あらすじ】日曜日をめぐる五人の若者たちの連作短篇集。三十歳を迎えた無職の男性、東京から名古屋へ引っ越す女性、会計事務所で働く若者とその父親……。それぞれに人生の哀歓が凝縮された週末の風景を、鮮やかに切り取ってゆく。

短篇とは、街のつむじ風に似ている。風が吹いて一瞬、隣に立つ人間の前髪がめくれ上がる。快活だったり、憂鬱だったり、普段は髪に隠れている相手の意外な顔つきが、ほんの瞬間だけあらわれる。普段ずっと眺めている表情よりも、その相手の本当の素顔を感じた気がする。だが、こんなドヤ顔でいくら書きつづってみるよりも、この短篇集の中の「日曜日のエレベーター」でも、「日曜日の新郎たち」でも、開いてみる方が早い。

近ごろ、部屋で出るゴミの質がめっきり所帯臭くなった。

五篇の冒頭に置かれた「日曜日のエレベーター」の、始まりの文章を眺めてみればいい。何気ないようで、情報が詰まっている。これから紙の上で動き出す人物たちの、想像をかきたてる一文がここにある。一単語目の「近ごろ」で、その人間にある変化があったことをほのめかし、二単語目の「部屋」で、彼がマンションのような部屋に住む人間だと予感させ、続いて出てくる「ゴミ」でそれが確信に変わり、「質がめっきり所帯臭くなった」とあれば、この話は一体何だろうかと引き込まれてしまう。読み手は、作家の手のひらの上にある。この乾いた書き出しを裏切らない、男と女の愛の顚末に身をゆだねてしまえばいい。

「日曜日たち」とは、暗示的な題名だ。平日は学校へ行き、社会で働く人間にとって、日曜日とは、普段の生活から離れ、素の自分に還らされる一日だ。吉田さんは一週間の裂け目である日曜日の、さらにその短い谷間に、若い男や女の人生を交差させる物語を書き連ねていった。

短篇の徳とは、短いからこそ話を読んだ後で、一つの場面や、その場面が象徴する人物の像が網膜に焼きつき、知り合いが一人増えた気分になれることだ。台所をクローゼットにしてしまった男とその部屋に通い続けた女たち、せっかく旅行に来たのに東京の混雑を嫌ってレストランより売店のホットドッグを好む初老の男と当惑する若者——。

ほら気がつけば、自分の身の回りにいる人間より、もっと親しく感じる知人たちができている。

小説──6

東京湾景

二〇〇三年
新潮社・新潮文庫

【あらすじ】東京・品川埠頭の倉庫街で働く亮介は、二十五歳の誕生日、携帯電話の出会い系サイトで「涼子」を名乗る女性と知り合う。浜松町のキオスクで働くと語る彼女は実は、東京湾を挟んだお台場のオフィス街で働く会社員だった。それぞれに事情を抱え、心の底から人を信頼できなくなっていた二人の再生をたどった屈指のラブストーリー。

恋愛とは結局、精神か肉体が結ばれるか、異性の場合は結婚の形をとって社会的に認められるか、または、破綻するしかない。渦中にある当人だけが唯一無二のものと信じ込んでいて、端から見れば似たようなものだ。一人よがりの情感に浸った小説ほど醜悪なものはない。冷めていることが、恋愛小説家の条件であることは、文学に携わるものの常識のはずだ。

開発が進む東京湾岸エリアを舞台にしたこの恋愛小説は、その鉄則をわきまえている。登場人物の亮介も、涼子も、あらゆるものから突き放されている。岸壁の倉庫群、フォークリフト、停泊する貨物船。亮介が働く二人の恋の舞台となる場所の風景も、出会い系サイトで知り合った設定も、一般的には、甘い叙情を拒むものばかりだ。そして、二人は心から体へと進むのではなく、自分が体だけの存在であればよいと思うほど、まず互いの体を貪り合う。

荒涼としているからこそ、その世界に没入させられ、やがて気づくのだ。人間は、他人を理解してから愛すのではない。本当に人を愛すときには、初めから全てが決まっている。作中には、恋愛を出来なくなった恋愛小説家が道化役として出てくるのだけれど、分かり切ったことだ。恋について考えるときは、相手を理解する振りをして、自分のために考えている。自分が傷つかないため、心理的な優位に立つため、策を凝らしている。

愛しているときに、言葉はいらない。できるだけ乱暴に相手の体を扱って、口から垂れる唾液が、湿っている肌が、自分のものなのか、相手のものなのか分からなくなるまで、ぶつかり合えばいい。もしくは、スピード違反すれすれのスクーターに二人乗りをして夜の海辺を走ればいいだけのはずだ。

冷たく、荒ぶって、乱れきった先に、一秒一秒の積み重ねとしての本当の愛は生まれる。その真実に触れたとき、堅牢だったはずの文学の恋の通念は揺らぎ、また新たな物語を求め始めるのだ。

小説——7

長崎乱楽坂

二〇〇四年
新潮社・新潮文庫

【あらすじ】父親を亡くした駿と悠太が引き取られたのは、刺青の男たちが出入りし、日々酒盛りが繰り広げられる長崎の極道の家だった。石段の多い街の崖に沿うように建てられた母屋の離れには、幽霊が出るという。金と性、暴力が支配し、時代が落ち着くにつれ、次第に衰退してゆく家で、早く大人になることを強いられた兄弟の運命は……。

子供たちに対する強い思いのあることが、吉田さんの小説の特徴の一つだ。出身地である長崎を舞台にしたこの長篇に触れれば、複雑な環境に置かれた二人の兄弟へ祈るような眼差しが注がれていることに気づく。それは、年長者が年下のものを庇護するとか、逆に、同じ目の高さに降り立つといったものではない。筆者自身が、小さな者を描く中で、時に大人になり、子供になり、揺れているのだ。

造船所の事故で父親を亡くした駿は、未亡人の母親を極道の男に奪われ、性の知識がまだないにもかかわらず、「どや？坊主たちの死んだ父ちゃんのと、どっちが太かや？」などと、それらを男から露骨に見せつけられる。一種の性的虐待を受けているような存在だ。当然、健康な人格も性欲も育むことはできない。

その末枯《うらが》れてゆく人生を予感させるように、駿は小学校のとき好意を示された梨花に素直な反応を示せず、「俺の女になるや？」と声を掛け、あざができるまで体をつねる。並の作家ならば、ここまででもハードボイルド風の描写として評価されるのかもしれない。だが、もっと大切なことは、この場面の駿が、一瞬、子供のようなためらいを見せることだ。早熟な極道の卵のようであり、あどけない子供でもあるような駿を、その振幅を含めて作家は受け止める。それゆえ、駿と悠太の成長をたどる物語に、一際深い陰影も、哀感も刻まれる。

子供とは社会の通念にまだ飼いならされていない存在だから、本質的に、世の中の凝《こご》ったものを侵犯し、物事の価値を転倒させてゆくものだ。従って、今の世界のあり方に立ち向かってゆく文学者たちは、必ず小さきものを描く。吉行淳之介であれ、大江健三郎であれ。ただ、先人たちの作品と異なって、吉田さんの生み出す子供たちは、大人が過去を振り返るときの過度の感傷も、世界への抵抗の気負いもない。一個の存在として、ただ向き合っている。

吉田さんが、子供を書く作家であることはもっと注目されなくてはならない。

小説——8

ランドマーク

二〇〇四年
講談社・講談社文庫

【あらすじ】バブル後の景気停滞の時代に入っても、「さいたま副都心」をはじめ大型開発の計画が動き続ける埼玉県の大宮で、三十五階建ての「O-miya スパイラル」ビルの建設が進む。重箱をずらして積み上げたような螺旋を描く超高層ビルの工事に関わる設計士の犬飼と、鉄筋工の隼人に、精神の変調が襲う姿をつづってゆく。

吉田さんは、ある風景から想像を膨らませるのが得意な作家だ。この小説では、大宮駅西口のそごうの裏にあるパチンコ店のサーチライトが、冒頭に描かれる。周囲の景観を全く無視し、空に向かって放たれる二本の真っ青な光線。二〇〇〇年代の初め、郊外型のパチンコ店では確かにこのサーチライトが流行しており、作家も、どこかの街で見かけたのだろう。(本当に大宮だったのかもしれないが、私たちはそれを知る必要はない)。

単に目立てばいいといった荒んだ拝金主義の象徴でありながら、見ようによっては妙に美しい光の帯。首都のように洗練された都市開発が行われるのでもなく、かといってうち捨てられた田舎でもない、チェーン系の飲食店や予備校が建ち並ぶ中途半端な街。二つのイメージがぶつかり合い、この長篇は膨らんでいった。

本作で描かれる高さ百八十メートルを誇るこの超高層ビルの建築は、小泉規制緩和で生まれたものだろう。周辺のコミュニティーなどを全く無視して建つ超高層ビルは、その存在自体が、あのパチンコ店のサーチライトに通じている。さらに、施工主や設計者のほか、現場の業者だけでも、鉄筋屋、左官屋、ポンプ屋など無数の人間がかかわり、自分の仕事が何の役に立つのか誰も正確に分からない。科学技術の粋を尽くしながら、マルクスの亡霊が現れそうな人間疎外の現場だ。

作家は、広がってゆく新自由主義的な空気の矛盾が醜く噴き出したようなこの場所に、二人の男を放つ。知的労働と肉体労働の違いはありながら、それぞれの仕事に窒息しそうになる彼らの逃げ場所は、結局は、異性の肉体の中にしかない。性とは、人間を抑圧し、束縛するものから、心と体を解き放つ最後の可能性だからだ。

背徳的、嗜虐的な性にのめり込んでゆくことで、病んだ社会を何とかサバイブしようとした男たち。現代へとつながってゆく歪んだ資本主義の下で生きる人々の出口のない気分を、作家は団塊ジュニア世代がいよいよ三十代に差し掛かり、拡差の拡大がいよいよ固定し始めたあの時に、いち早く書き留めていた。

春、バーニーズで

小説――9

二〇〇四年
文藝春秋・文春文庫

【あらすじ】新宿にあるバーニーズ・ニューヨークの六階、スーツ売り場で、妻と幼い息子を連れた筒井は、中年男の風体で女言葉を話す懐かしい人と再会する。十年前に一緒に暮らしたその人は、学生らしい若い男の服を選んでいた。デビュー作『最後の息子』の主人公のその後をつづったような五篇を収録する。

「吉田修一の小説、格好良すぎる問題」なるものがこの世にはあり、それは、『春、バーニーズで』を手に取れば、誰もが感じることだろう。

息子の幼稚園の入園式に出るためのシャツとネクタイを買いに洋服店を訪ねる三十歳過ぎの男。カシミヤのセーターが似合う、何か事情を抱えていそうな妻と優しそうな息子。昔と変わらない生き方を堂々と貫いている再会したその人――。まるで、モノクロフィルムで撮られた一枚の写真のようだ。この本の装丁も、バーニーズを思わせる黒地に銀の箔押しがされ、清潔で洗練されている。

共生。言葉にすると陳腐になるけれど、作家の心の奥底には、この言葉への切実な希求がある。性的な少数者、血縁関係のない親子、外国籍の人々、または、折り合いのつかない自分の中の分裂する自分。全てのものからの偏見を解き放たれ、人間が伸びやかに生きる世の中を築きたいとの願いが、押し潜められながら言葉の底に流れている。

作家の心臓の小部屋には、共生への希求が小さなプリズムとなって眠っている。体の内側から突き上げてくる不定形の創作のエネルギーが、そのプリズムを通るとき、せつない若者の群像劇になったり、男女の恋愛物語になったり、または、人間の悪意や悲惨な事件に焦点を当てた作品となったり、分光をする。作家が、どんな美しすぎる、せつなすぎる、つらすぎる作品を書いたとしても、それが心に染み込むのは、全ての作品がこの秘密のプリズムを通り抜けてゆくからだ。

うんざりするほど誰かに愛されたことのある人間は、うんざりするほど誰かを愛する術を身に着けるのかもしれない。

照れ屋の小説家が、随分、真っすぐなことを書くではないか。けれど、芥川賞を受賞して、少し生活の落ち着いた作家が、デビュー作のイメージを膨らませて作品を書いたとき、きっと、不意に言葉が出てきてしまったのだ。短篇の中に時々、思いがけず素顔をのぞかせる完璧主義者の綻びも、誰もがみんな好きだ。

小説——10

7月24日通り

二〇〇四年
新潮社・新潮文庫

【あらすじ】港のある地方の街で働く小百合は、身の回りの風景をポルトガルの首都、リスボンに見立てることをひそかな趣味としている。ある日、彼女の高校の同窓会が開かれることになった。東京で暮らしている聡史も、少し野性味を帯びた顔つきになって会場に現れ、代わり映えのしない生活を送る彼女の心を揺らす。

改めて言うけれど、吉田さんはその時点でまだ言葉になっていない個人の感覚や社会の気分をいち早くとらえ、物語の中に映し出すことを得意とする作家だ。

一見、軽やかな恋愛小説である本作は、冒頭に「モテない女」の条件とでも言うべき十項目が挙げられ、それが各章の小見出しにもなっている。

一、モテる男が好き！　二、イヤな女にはなりたくない。三、どちらかといえば聞き役……。

古今東西、恋に奥手な人間の条件は同じだなと、映画『ブリジット・ジョーンズの日記』の赤いパジャマを愛用する独身の主人公などを連想しながら、片頬が緩みそうになる。だが、この項目の最後までたどりついたとき、文字を追う目が止まってしまうのだ。

……十、間違えたくない。

本屋で買ったポルトガルの旅行ガイドが気に入り、岸壁沿いの県道を7月24日通り、丸山神社前をジェロニモス修道院前と心の中で言い換えて楽しむ小百合は、一人では決してリスボンに旅行したがらない性格の女性だ。短大を卒業し、地元の会社に勤め、ほどほどの男とつき合って、何もなければこのまま育った街から遠くには出てゆかないまま、できるだけリスクのある行動は取らずに、一生を過ごしてゆくのかもしれない。

この小説が二〇〇四年に発表されて、十二年が過ぎた。恋や仕事、引いては人生全般において「間違えたくない」人間は現在、増えているのではないだろうか。良好な家族関係を壊してまで自分の人生を選び取りたくないのか、何かにつけてタイミングが悪い自分に自信がないのか、夜のバスに乗って地方から東京に出たところで、不景気続きの世の中では素敵な出来事が簡単には待っていないことが分かっているからなのか。

老いも、若きも、自分は間違えたくないと丸く体をうずめて、その姿勢が、誰かにとっては小さな悪となってしまうことがあることも、作家はさりげなく描いている。少しずつ変わってゆく小百合の姿が与えてくれる勇気は、今こそ多くの人が欲しているものだ。

小説——11

ひなた

二〇〇六年
光文社・光文社文庫

【あらすじ】有名ブランドに就職した新堂レイ、その恋人で大学生の大路尚純、彼と両親が暮らす東京都文京区小日向の家に引っ越し、同居を始めた兄の浩一と桂子の夫婦。四人の視点から、それぞれの春夏秋冬を描き出す。淡々とした日常風景の中から、次第にそれぞれが抱えている心の奥に潜んだ秘密が浮かび上がってくる。

戦争や飢餓をはじめ、表面上は社会的な大きな問題が見えにくいのが現代の特徴だ。もちろん東日本大震災や福島第一原発の事故で避難を強いられた方々や格差社会の拡大によって貧困に追い詰められた家庭は増えているのだけれど、それらから目をつぶろうとすれば見えないように感じられてしまうのも、現代の病理なのかもしれない。

いずれにしても、外的な大きな社会的困難を感じにくい時代には、人間を苦しめる最大の敵は自分の心の中にあるものとなる。東京・小日向は、拓殖大や跡見女子大、お茶の水女子大などが近くに集まる学生街であると同時に、武蔵野台地がかつての神田川の支流に削り取られてできた坂や崖の多い街だ。どちらかと言えば上品な文教地帯にある一軒家で、干したての日なたの布団の匂いがするような家族たちと、彼らとは全く違う家に育った元ヤンキーのレイの物語が、短い断章を重ねるようにしてつづられてゆく。

忘れられない場面が一つある。結婚して小日向の家に引っ越してきた桂子が、実家の母のことを不意に思い出す。高校生のころ、家に帰ってくると母親が階段の上に座り込んでいる。何をしているのかと尋ねると、急に不安になったのだという。何のことかよく分からず問い直すと、「お母さん、この家で待ってるでしょ？」と話し始めた後で、このように語る。「ふと、なんていうのかしら、『お母さん、なんでここでこうやって普通に待ってられるんだろう』って、そう思っちゃったのよ」。

人間の心には、小さな底板が置かれている。柔らかな春の太陽で、心を温めて、リズム良く鼓動を刻んでいたとしても、それが何かの弾みでずれて動いてしまわないように細心の注意を払わなくてはならない。どのような人間にも、底板の下には暗く、吹きすさぶ、漆黒の闇があって、せっかく育ててきた心を一瞬で腐らせてしまう。日なたに照らされた大路一家の何気ない風景が愛おしく見えるのは、その風景が何でもないようなものに見えるまで必死に、誰もが家族の心の底板を動かさないようにしているためだ。

小説——12

女たちは二度遊ぶ

二〇〇六年
角川書店・角川文庫

【あらすじ】平日公休の女、自己破産の女、ゴシップ雑誌を読む女……。一見、ぶっきらぼうにも感じられる題名で、現代を生きる様々な女性たちの生態、その奥深さに触れる十一篇を収めた短篇集。行定勲監督によって映像化された際の、相武紗季、水川あさみ、小雪、優香などの写真が飾る文庫本のカバーも印象的だ。

平成に入ってから、男性の書く恋愛小説がすっかり売れなくなったという。かつては『暗室』の吉行淳之介、『ノルウェイの森』を書いた若き日の村上春樹さんなど、恋愛を描くのが得意と言われる男性作家がいた。しかし、現在はあまり思い浮かばない。男女雇用機会均等法の施行をはじめ、女性の社会進出の広がりと合わせるように、文学の世界でも、山田詠美さん、江國香織さん、川上弘美さん、小池真理子さんら、恋をする女性たちの心と体の動きを、自分の言葉で表現できる女性作家たちが現れた。並の男性作家では、女性の登場人物を描いても作り物めいてしまうのは、必然の流れだ。

この潮流の唯一の例外が、吉田さんだ。

女性にも、男性にも納得できる男女の恋愛を書ける男性作家は、ほかにはいない。この本の冒頭を飾る「どしゃぶりの女」に出てくるユカを見れば分かる。彼女は、炊事、洗濯、掃除はおろか、注意しなければ風呂にも三日くらい入らない女性なのだが、この物語は、女友達を連れた友人が、主人公の家にやって来て、初対面の彼女を置いてゆき、やることはやってしまった翌朝から始まる。外は雨が降っていて、「雨が上がるまでいれば」と彼が話す言葉に、「傘持ってないし……。そうしよっかなぁ」と女性が、舌足らずに答えて、話が進んでゆく。

恋愛小説で最もつまらない作品は、心でも体でもいずれにしても、関係が結ばれるまでを長々と連ねてゆくものだ。本当は、女も男も誰もそんなことは求めていない。ある日、突然出会いが訪れ、お互いの全てが一瞬から愛おしくなって、その熱情の中で関係を築きたいと思っている。それは単に、男性が女性とヤリたい、女性が星の王子様を待っているといったこととは少し違う。もっと、心の内奥に眠る感情に由来するものだ。

例えば作家は、男女を問わず人間の中に、異性と突然に結びつきたい願望があることを知っている。それを過度の理想化や思い入れを交えず、男女の区別なく差し出す。いきなり男女が出会ったり、姿を消したりする話が多いのはこのためだ。

小説——13

初恋温泉

二〇〇六年
集英社・集英社文庫

【あらすじ】全国各地の温泉を訪ねる五組の男女を描いた短篇集。離婚話が持ち上がった夫婦、一泊二日の不倫旅行に出掛けてしまった男女、初めての外泊に温泉地を選んだ高校生カップル……。夜空の下から波音が聞こえる熱海の大浴場、阿蘇の混浴露天風呂など、人間が身も心も裸になる不思議な空間に、様々な男女の模様を浮かび上がらせる。

温泉という言葉は、どのような語句とくっつけても、そのつなげた語句を少し間延びさせ、あるおかしみを漂わせてしまう効果がある。古谷一行と木の実ナナの名コンビが刑事役を演じたテレビドラマ『混浴露天風呂連続殺人事件』シリーズ、松坂慶子主演のB級映画『卓球温泉』、文芸評論界の巨匠（！）川村湊氏の『温泉文学論』……。積年の疲れを取り、癒やされるために人は湯船に浸かるのだから、温泉という言葉が耳に優しく響くのは、当然のことだろう。

この言葉をあえて題名に冠しているとは、つまり、少し肩の力を抜いて作品に触れてほしいという作家のメッセージだ。

小説に出てくる五組の男女とともに大いに、食い気、眠気、色気を満たそうではないか。若かったころに戻って、今夜するであろうセックスを思い浮かべながら旅館の門をくぐる男の気分になってみたり、高級旅館の一室の網の上であぶられる銀杏や栗、松茸を眺めながら、一口含んだビールの味を思い出したり、遠く連なる山肌が赤く夕日に染まり、森の冷えた空気が立ち込める露天風呂で体をゆっくりと伸ばす心地よさを思い返したり。それぞれの登場人物の行動を通して、温泉大国・ニッポンに生まれた喜びを、繰り出される極上の物語とともに、ひたすら堪能すれば良いのだ。

温泉とは、裸になりさえすれば、誰でも入ることができる。ゴルフやスキーなど特定の技術を必要とするものに比べ、敷居が低い観光といえる。従って、温泉旅館には様々な客層が吸い寄せられる。この小説の登場人物の職業を振り返ったとき、きっと気づかされるだろう。

おしゃれ居酒屋のオーナー、大手エレベーター設備会社の社員、保険の外交員、高校生……。様々な階層の人物たちを作家は温泉に浸からせ、湯の使い方や宿の泊まり方に彼らの置かれた状況を交錯させている。

作家とはどのような形をしたパンにも、餡を入れることを忘れないものだ。

小説——14

悪人

二〇〇七年
朝日新聞出版・朝日文庫

【あらすじ】九州地方に雪が降った冬の夜、福岡と佐賀の県境にある三瀬峠で、土木作業員の祐一は、携帯電話の出会い系サイトで知り合った保険外交員の佳乃を殺害する。そのうえ彼は、同じくサイトで出会った洋服店店員の光代を車に乗せ、逃亡を始めた。長崎郊外の漁村に育った彼は真の悪人なのか。映画化の際に脚本も手掛けた大佛次郎賞受賞作。

人間は人殺しを犯すと、もう一人の自分が傍らに立つようになるという。飯を食う、煙草を吸う、街を歩く。毎日の全ての動きを、青白い顔をしたもう一人の自分が、隣から見ている。気晴らしに女を買っても、泥酔して眠ろうとしても、二つの眼を感じる。殺人者の多くが最後は、自殺をするか、警察に出頭するのは、その視線に耐えられないためだ。

小説の中で作家が人間を一人殺すときは、本当に殺害している。吉田さんも、確かにこの作品の中で佳乃を殺した。冒頭を開けば分かる。物語は、凶行の現場となった三瀬峠のある福岡と佐賀を結ぶ国道263号線を、何者かの眼が上空から見下ろすように書き出され、次第に高度を落としながら、登場人物に焦点をあてる。実際の人物たちの眼とは、異なる位置にあり続ける眼。それは殺人を犯し、自己の輪郭が崩壊した者のもう一つの眼だ。

田舎の年寄りを病院に送り迎えし、ヘルス嬢を本当に好きになる優しさがあり、船に乗る競争、ペーロンに熱中する頑健な肉体を持つ祐一。ドストエフスキーの『罪と罰』のラスコーリニコフとソーニャのように、永遠の一瞬の連続が、さらなる永遠を刻むような真実の愛を、光代との間に育む温かな心も持っていた。だが、親に愛されてこの世に生まれた一人の女性の命を奪ってしまう。以前の世界には二度と戻ることができなくなる。

人を殺すとは何か、本当の悪とは何か。他者の首に手を掛けた者だけに浮き出す冷たい眼を感じながら、真冬の闇夜の中を切り立った崖の先端に寝転がされ、足首だけをつかまれ、身を乗り出してその真っ暗な底を凝視するよう迫るのがこの小説だ。恐怖、後悔、焦燥、嫌悪、自責。ありとあらゆる感情が、地底の黒い木魂となって響き出す。悪人とは、人間を殺した者の呼び名ではない。人間を殺す行為自体が絶対悪なだけなのだと。

読み手も、書き手も、最後の一行にたどりついた後では、かつて生きていた世界には戻れない。みんな、佳乃を殺してしまったからだ。

小説――15

静かな爆弾

二〇〇八年
中央公論新社・中公文庫

【あらすじ】東京・明治神宮外苑で、テレビ局に勤める俊平は、耳の不自由な女性と知り合った。「また会えませんか?」「今度の日曜日、午後二時に映画館の前の池で」。アフガニスタンのバーミヤンの大仏遺跡の破壊についての取材に追われる一方で、紙とペンを使った二人の交流が始まる。

鬱蒼と繁った樹々の枝が、網のような影を落とす神宮外苑。白く柔らかそうなマフラーをして岩に座ったままの一人の女性。耳の聞こえない響子が登場するこの物語は、吉田さんの作品としては珍しく、全体的に静謐なトーンに包まれている。

医療過誤や国際紛争などの現場を取材してきた俊平は、いかにもマスコミの人間らしく、がさつに生きてきた。ニュースは、次から次へと目の前に飛び込んでくる。映像の現場にいる人間が粗雑なのは仕方がないことだ。その彼の忙しい日常のぽっかりと穴が空いたような一日に、響子と出会ってしまう。

話の流れをたどってゆけば、この長篇が二つの位相で「理解」といった問題を扱おうとしていることに気づく。耳の不自由な障害者である響子と、健常者である俊平との理解。バーミヤンの大仏遺跡の過激な破壊者たちと、日本人の取材者が象徴する彼らを取り巻く国際社会との理解。そのいずれも、本当に分かり合える方法があるのか、確信は持てないまま、宙づりにされたままで物語は終わる。

　理解するとは、偏見や無関心の離れ小島から他者に向かって橋を架けることだけれど、かといって、一方的に感情移入をしたり、無条件に共感を寄せたりするものではない。相手の人間の親しみが持てるところ、好ましいところを足場にして、分からないところ、分かるところをあいまいに受け入れ、時には誤解しながら歩み寄ってゆくことだ。この運動の上では、言葉が大切な役割を果たす。

　物語の中で、住所をはじめ個人的なことを詳しく語らない響子が、週末のたびに俊平の家に泊まりに来るようになる。彼は、それを無理に聞きだそうとしない。乱暴に距離を縮めようとはせず、言葉を選んだ短いメモに気持ちを伝える。そして、よく眠るその愛らしい寝顔など、自分の好きな気持ちだけを大切にしている。二人の温かな日だまりのような空間が生まれてゆく。

　個人を思うこと、その作法を磨いてゆくことが、転じて、世界を思うことに通じる。作家らしい静かな祈りに満ちた一篇なのだ。

小説——16

さよなら渓谷

二〇〇八年
新潮社・新潮文庫

【あらすじ】緑豊かな桂川渓谷で四歳になる男児が遺体となって発見され、近くの市営住宅に住む母親、里美が犯人であるとの疑いが浮上した。取材競争が続く中で、週刊誌記者の渡辺は、里美の隣の家に妻と二人で住む俊介が、過去にある暴行事件と絡んでいたことをつかむ。二つの事件は微妙に絡み合い、捜査は錯綜してゆく……。

殺しでも、強盗でもいい。一度でも事件を取材したことがある記者は、世の中には同情の余地がある犯罪者はそれほどいないのだと、深いニヒリズムを抱えるようになるという。

金融機関を襲った直後に覚醒剤を打ち、キャバクラで豪遊した男がいる。川原に遺体となって捨てられた清純なはずの女子高生の携帯電話に、無数の男性の名前が登録されていることがある。犯罪に関わった者の心には黒く歪んだ蔓が巻きついてしまって、立ち切れなくなっているのかと思うようなことばかりに出合うからだ。

「許してほしいなら、死んでよ」。この作品は、事件が起きて何年が過ぎても、被害者の女が加害者の男に向かって、ためらうことなく言い放てるような陰惨な事件を背景にしている。つらい出来事に巻き込まれた彼らが、あるきっかけから再会し、一つの関係性のようなものが生まれ、別の事件に巻き込まれてゆく。

犯罪の現場を取材したことのあるような人間には、それは絵空事に過ぎないと激しい反発を催させ、それでも、重い過去を抱えたまま、先のことを考えず、一日ずつを積み重ねてゆく男と女の姿に胸を打たれる。心が、冷たく、熱くなる。絶望的な事件、それを引き起こす人間の歪みから目をそむけ、やりすごすために、身に着けたはずの冷笑的な振る舞い、固い輪郭が、鍋から落とした白い固形物のように潰れ、形を失ってゆく。

里美が住んでいる夏の盛りの市営団地の蝉の声が耳に響き、報道陣が集まる広場の砂利の照り返しが目に迫り、いつしかそれは、俊介が打ち込んだ大学時代の野球部の焼けたグラウンドのにおい、人間のべたついた汗と体液、悲鳴へと変わってゆく。

事実を積み重ねて人間の罪に迫る言葉より、罪と罰との空白を想像力で埋めた言葉が胸を打ち、真実に感じられることがある。長い人生を送ってゆくうちにできてしまった偏見という名の感情の血栓を、激しく揺さぶって溶かすもの。それが、本当の小説なのだと知る。

小説——17

元職員

二〇〇八年
講談社

【あらすじ】慣れないファーストクラスの飛行機に乗って、タイ・バンコクのスワンナプーム国際空港に片桐は降り立った。日本人の若い男に案内されるまま、熱帯のむせかえる空気が漂う夜の街で無防備に酔い、ミントと名乗る娼婦を買う。栃木県の公社に勤める身である彼は、なぜそのような豪遊を続けられるのか……。

ある一群の人間にとって、この世で最も苦しいことは自分が自分であることだ。真面目な自分。社会の基本常識からはみ出せない自分。優等生っぽいと言われてきた他人の目を意識してしまう自分。それらに反発しながら、根本的にはその枠の中で生きるしかないと自覚しているのが、このタイプの人間の特徴だ。

彼らが、それぞれの堅い輪郭を手っ取り早くはみ出す方法はいくつかある。酒や薬物に溺れてしまう（けれど、中毒になってしまうリスクが高い）。恋愛をするか、異性を買うかして、性の陶酔に身を任せる（けれど、どんな体もやがて飽きてしまう）。それでも駄目なら、言葉も通じない、知人もいない海外へ出掛け、鬱陶しい自分を捨ててなりたい自分になることだ。

国や地方の公務員、関連する外郭団体、各種の法人。それらの組織で勤め、肩書に「職員」とつく業種の人々は、概して生真面目な働きを求められている。稟議書を書き、予算の枠内で仕事の執行を続けている。本来の自分の性向が、与えられた仕事によってますます強まってゆくようで、息は詰まりそうだ。片桐は、わずか五百十四円の金をきっかけに、永遠に続くように見える自己の軌道を飛び出し、新しい自分になろうとしたのだ。

屋台の香辛料たっぷりの麺類に、原色のビキニをつけた女の子のひんやりとした腿に、羽毛枕を抱いて眠る初々しい娼婦の中に、片桐は自分を変えてくれる種を見つけようとする。だが、彼は真の伸びやかな気分を味わうことはできない。社会心理学者のエーリッヒ・フロムの言葉を借りれば、「消極的な自由から積極的な自由へと進むことができないかぎり、けっきょく自由から逃れようとするほかない」からだ。

その重たい鎧を脱ぎ捨てて片桐は、本当の解放を味わうことができるのか。無理やりに自分と向き合わされるような瞬間が訪れたとき、今まではそんな目があることさえ想像したことのなかった、目が六までしかなかったはずのさいころの、七の目も、八の目も、出てくるような鮮やかな結末が待っている。

小説——18

キャンセルされた街の案内

二〇〇九年
新潮社・新潮文庫

【あらすじ】一九九八年から二〇〇八年の十年間に書かれた作品をまとめた著者初の〝純然たる〟短篇集。「日々の春」「零下五度」「台風一過」「深夜二時の男」「乳歯」「奴ら」「大阪ほのか」「24 pieces」「灯台」「キャンセルされた街の案内」の十篇を収録している。

本の最後に記されている「初出一覧」を見ると、最初の一篇「日々の春」は女性誌『an・an』に、最後に位置する表題作「キャンセルされた街の案内」は純文学雑誌『文學界』に掲載された作品であることがわかる。ほかにも、『野性時代』『yom yom』などがクレジットされ、この作家が既成の文学ジャンルにとらわれず活躍してきたことが表れている。

執筆時期が十年にわたり、発表媒体もバラバラであるから、枚数やスタイルはバラバラである。それでもどの一篇を開いても、そこには、吉田さんの言葉の奏でる音楽が印象的な風景とともに広がっているのだ。

新入社員の立野くんの横顔を眺めながら、「立野くんは、どういう風に女のコを抱くのだろうか」と想像する私が働くオフィス（日々の春）。日本人の旅行客の女と日本の小説を読むのが好きな韓国人の男がすれ違うソウルの街角（零下五度）。「絶対に嫌な思いをしない場所」と教えられた、東京の夜景が目の前に広がるホテルのバー（台風一過）。高校の同級生と久しぶりに飲む大阪のお好み焼き屋（大阪ほのか）。子供の頃、インチキな案内をして小遣い稼ぎをした軍艦島（キャンセルされた街の案内）。作家が「場所」で切り取った登場人物の人生の断面が描かれる。

それぞれワンシーンでありながら時には熟達のコード進行、時にはフリーのインプロビゼーションのような演奏スタイルで、匂いや湿度、手触りを立ち上がらせる。

夜中に部屋に入ってきた男に身体を撫でられた手の感触。腐って抜けた子どもの歯の根元についた血。痴漢の男に股間を握られた男の、恥ずかしさで火照った体。雨が降る夜に忍び込んでそろそろと足から入ったプールの水……。

それにしても、二十年近いキャリアを持ちながら、純然たる（連作ではない）短篇集が一冊、というのは珍しいのではないだろうか。いかに意識的に創作と向き合っている作家であるかが、こんなところからも伝わってくる。私たちは、二十年に一度のこの本を、プレミアム・アルバムのようにして楽しめばいいのだ。

小説——19

横道世之介

二〇〇九年
毎日新聞社・文春文庫

【あらすじ】大学進学のため、横道世之介は長崎から上京してきた。かばんの中には、高校の卒業アルバムと着古した学校ジャージ、いつも使っていた置き時計。このいかにも頼りない十八歳の若者が、学生生活の春夏秋冬を通じてどう変化するのか。サンバサークル、友人の結婚と出産、自身の恋愛体験……。どこか懐かしく、胸が温かくなる青春小説。柴田錬三郎賞受賞作。

日本には、紫式部『源氏物語』——井原西鶴『好色一代男』——谷崎潤一郎『細雪』へと脈々と連なる文学の本流の系譜がある。これらの作品は、①日本の美しい四季の移ろいを背景に登場人物のエピソードを連ねてゆく構成を取る。②「色好み」と呼ばれる男女の愛を作品の核に据えている——ことなどを特徴として持っている。

そして今、『横道世之介』をこの系譜の正統な嫡子として置いてみたいのだ。主人公の名前が単に、西鶴の『好色一代男』と同じだからではない。隙だらけの愛すべき大学一年生、横道世之介は、冗談ではなく、日本の「色好み」の伝統を深く体現した人物だからだ。
「色好み」の本質とは何か。男女を問わず、一度でも関わりを持った人間をいつまでも大切にすることだ。例えば、『源氏物語』の光源氏は、紫の上や明石の君のような女性はもちろん、関係を持ったものの今一つだと感じられた末摘花といった女性の面倒でさえ生涯見続けた。つまり、人間の縁を大切にした。

我らが横道世之介は、どうなのか。東京の暑い夏の間、クーラーのある友人の家で当たり前のように過ごし、気がつけばスイカまで食べている。恋人の妊娠で大学をやめた同級生と友達であり続ける。「世之介さんの食べ方って見てるだけで美味しそうでしょ」と恋人が母親に自慢するほど、健康そうにご飯を食べる……。

一緒に過ごしている時間だけではなく、直接に顔を合わせなくなっても、それぞれの人は、まるですぐそばにいてくれるように感じる。自然と人々の表情を和らげてくれる。たとえ直接、顔を合わせる機会が失われたとしても、在／不在の次元を越えた象限界から、親しい人たちのそばにいて、彼らの行く道を永遠に照らし続ける。吉田さんが作り出した独自の色好みの形が、ここにある。

だから、世之介をめぐる物語がどのような末路をたどっても悲しむ必要はない。人生の出会った縁を味わい尽くし、きっと、『好色一代男』の世之介が渡った女《にょ》護島《ごのしま》の隣の島へと旅立ったのだから。

小説――20

平成猿蟹合戦図

二〇一一年

朝日新聞出版・朝日文庫

【あらすじ】高校中退後、長崎・五島列島の福江島でホステスをしていた美月は、同郷だった朋生と結婚し、子供を産む。だが、夫は一人で上京してホストになり、後を追うようにして彼女も、新宿・歌舞伎町に向かう。朋生は、バーテンダーの純平の部屋に転がり込んでいた。その彼はある日ひき逃げ事件を目撃し、真犯人への恐喝をもくろむ……。

何気ない場面なのだが、この小説の中には、大学の卒業制作に取り組んでいる美大生が出てくる場面がある。彼女は、京の「洛中洛外図」のような屏風絵を現代をモチーフにして描きたいと思っていて、その構図を想像している。

この場面や「平成猿蟹合戦図」の題名から想像がつくだろう。本作は、日本の古くからある「洛中洛外図」のような屏風絵を意識して、構成されている。京都御所や二条城、龍安寺、祇園祭の風景など、街の名所や春夏秋冬の行事が一枚の絵に細々と描き込まれ、棒手振りの物売り、鉢叩き、僧侶など、物によっては一千人を超えるような人々が描き込まれているあの不思議な絵だ。

作家は、なぜこのようなことを考えたのだろう。振り返ってみれば、この作品の始まりは、まるで『悪人』の世界の一歩手前だ。海に囲まれた美しい場所なのに閉塞感が漂う福江の風景、若さを持てあます男と女たち、不審な事件の発生……。だが、美月や朋生たちは、『悪人』の祐一のような転落の軌跡はたどらない。彼らは、東京で姉御肌のクラブのママ、美姫と知り合い、東京で朋生が友達となったバーテンダーの純平は、選挙の世界に自分の居場所を見つけるようになった。一つの人の縁が、新たな縁を生み、世の中は良い方向に導かれてゆく。

「洛中洛外図」を見たとき、作家は感じたのだ。この屛風の端の小店《こだな》でうずもれているような人間も、街のにぎやかな路地に立たせれば全く違う人生を歩むことができる。環境が変わり、良いめぐり合わせさえあれば、人間はもっと自由に、伸びやかに生きることができるのだ。その希望を、吉田さんは表現してみようとしたに違いない。

この小説は二〇一〇年五月から翌年四月まで、『週刊朝日』に連載された。沖縄問題への対応、東日本大震災発生時の対応など結果として、裏切られた形となったものの、民主党を中心とした政権交代が実現し、もっと自分たちのものに政治を変えられると期待が膨らんだ時期に執筆されたものでもあった。

話は少し飛ぶけれど、吉田さんは現在、自身がデビューした「文学界新人賞」の選考委員を務めている。選考委員は、松浦理英子、綿矢りさ、円城塔、川上未映子を含む五氏。「芥川賞より受賞するのが難しい」と言われる賞は、将来の芥川賞選考委員を選ぶため選考委員自身も試されていると言われている。

吉田さんはこの数年、選考で何を押したか。戦場に立つ可能性が出た自衛隊の今を描く砂川文次「市街戦」、テヘラン生まれのシリン・ネザマフィさんがイラン・イラク戦争下の淡い恋を刻んだ「白い紙」。今書かれるべき切実な社会的・個人的な動機があるものを一貫して押し、皮相な言語実験をする作品を排している。

小説──21

太陽は動かない

二〇一二年
幻冬舎・幻冬舎文庫

【あらすじ】東シナ海の油田開発利権をめぐり、一人の日本人が殺害された。AN通信の鷹野一彦は、部下とともにその背景を探り始める。リゾートやファッション情報などを配信する小さな通信社がなぜなのか……。中国の台頭によって揺れる東アジアのパワーバランス、エネルギー問題を視野にいれたハードボイルドな筆致の作品。

それは、社会の第一線で働く世代や、これから良い作品に出合いたいと思っている若い世代には素直に響くものだ。

本作は、一九八九年にNHKの島桂次元会長が、国際ニュースの二十四時間放送化を唱えた「GNN構想」から話が始まる。日本の国際マスコミ報道が、BBCやAP通信の植民地のままで留まらずに済んだかもしれない出来事だった。

情報を制するものは、政治も経済も制するはずだった。日本は、世界のハブになりそこねた。日本の経済規模は二〇〇〇年、中国と韓国、アセアン、インドを足した合計より大きかった。だが、一〇年に中国に抜かれ、東日本大震災と福島第一原発の事故を契機に、明確なダウントレンドに入った。作家は、日本の出口のない撤退戦の実相と、その時代をサバイブしてゆく人々に、物語の紡ぐべき場所を見つけたのだ。

東アジアの新たなガリバーたる中国とは何者なのか。パワーバランスの鍵を握る新しい太陽、すなわちエネルギー問題の本質とは何か。生きる時代を選べない人間が、それでも生きてゆく人生には何の意味があるのか。『パーク・ライフ』から『太陽は動かない』に向って、作家は今を生きて、書くことを選んだ。破天荒な産業スパイ小説の形を取った、縦横無尽に駆けめぐる鷹野の荒々しい息、激しいいら立ち。その一つ一つが、日本で文学を営む作家の生の証しだ。

小説――22

路（ルウ）

二〇一二年
文藝春秋・文春文庫

【あらすじ】二〇〇〇年、欧州の連合体が一度は優先交渉権を獲得した「台湾新幹線」の建設に、日本が逆転して車両技術を提供することが決まる。商社で働く若手社員の春香も事業に参加することになった。台北―高雄間三百四十五キロを九十分で結ぶ超特急の建設に関わる日本人と台湾人、彼らの社会や歴史、個人のドラマを七年にわたり交錯させてゆく。

昼間はスクーターや車が激しく行き交い、夜中は街路樹に包まれた静かな森の表情を見せ、小さな路地に並ぶ食堂から大蒜《にんにく》や香辛料を使った料理の匂いが漂う。この台北の街を舞台にした物語は、何よりも題材の面白さが目をひく。日本の新聞紙上を一九九〇年代後半から盛んににぎわわせ、半ば政治問題にさえなっていた「台湾新幹線」の建設に、吉田さんが目をつけていたとは。

活気にあふれたこの街並をきっと、大股で歩いている春香に導かれ、物語は進んでゆく。新幹線の建設を担当する事務所で働く日本人と現地社員、運行技術を伝え合う整備士たち、建設を感慨深く見守る戦前戦中の日本統治時代を知る世代。ここに描かれるのは、新幹線の建設が着実に生み出してゆく日台の人の絆だ。何事も「なるようにしかならない」と語るおおらかな亜熱帯気質がもたらす微妙な行き違いも、日欧のシステム混在による工期の遅れといった悩みも、大きな目標の前には吹き飛ばされる。

その建設をめぐるドラマに、春香が学生時代の旅行で出会った台湾人男性との出来事が絡み合う。彼女は、神戸生まれだ。本作が出版されたのは、東日本大震災から一年半後のことでもあった。

日本で文学と向き合う者にとって、不幸な過去があった東アジアの問題は避けて通れない。実際に中国で戦場に立った武田泰淳ら戦後派に始まり、自分の生まれ育った「路地」をアジアに見つけようとした団塊世代の中上健次、同世代の津島佑子……。台湾を舞台にした本作は、この流れの中に連なっている。

過去に戦争を引き起こした日本の歴史への反省を胸に深く秘めながら、それを前面には押し出さず、経済成長と都市化が生みだした東アジアの共通した人々の感性に向けて、洗練された物語を響かせてゆく。このような文学の営みが、政治レベルでは小さな諍いがあったとしても、東アジアの人が皮膚感覚で互いの信頼感を育んでゆくことを吉田さんは信じている。国や言語を越えて、心の「路」が生まれることを信じている。

小説——23

愛に乱暴

二〇一三年
新潮社

【あらすじ】初瀬桃子と夫の真守は結婚八年目。真守の両親の家の離れに住んでいる。ある日、夫の浮気が発覚し、相手のお腹には子どもがいるという。三人で話し合うために銀座の喫茶店で会った日から彼は家に戻らなくなり、桃子の日常が少しずつ崩れる姿を、短い日記などを挟みながらつづる。

この小説は借りるより、買った方が良い。本棚に置いておくだけで、時々、自然と手が伸びて、何度も読み返してしまうことになるだろうから——。

一度読み通してしまったら、その後は気が向いたときに、目をつぶって本をパッと開いてみるのがいい。どのページを開いても、自分の心に染み入る場面や言葉が見つかる。

「……カップラーメン喰お」

ベッドを出た真守が寝室を出ていく。

暗い廊下を真守の足音が遠ざかる。

初瀬さんは一緒に来る奥さんではなく、一人で待っている私を愛している。

自然と、人生で一番つらかった「あのこと」を思い出させる。少し前までは、自分のそばにずっといてくれると思った相手の心が離れてゆき、執着すればするほど距離が遠ざかってゆく「あのこと」だ。一緒に話をしていても、次第に言葉の中に冷たい棘が刺さるようになり、大切な人間を失っている自分を認めたくなくて、妙に他人に正しく接しようとしてみたり、時には、相手が時間を割いてくれなくなったのは、自分の愛が試されているからだなどと、おかしな理屈をつけてみたりすることもある「あのこと」だ。

失恋とか、破局とか、離婚とか、「あのこと」を呼ぶ人がいるけれど、他人の手あかのついた言葉では呼びたくない。


眠ったかと思えば目が覚め、かと思えば、脈絡のない夢ばかりを長く見続け、浅い眠りを繰り返したあのとき。その一瞬、一瞬の感触をよみがえらせ、人間をあなどって、乱暴に扱ったとき、いかに恐ろしい報いが待つかを吉田さんは書いた。この本を手元に置いて、全てを失う恐れに震えながら、それでも修羅の道に踏み出すのも良し。失うことの倒錯めいた甘美にあこがれ、健康そうな笑顔をした誰かを滅茶苦茶に傷つけるのも良し。

愛の極限状態に陥ったとしても、作家はその彼らが醸し出すおかしみに寄り添うことも忘れていない……と締めくくれば、きれいにまとまるのだけれど、書くことができない。

小説——24

怒り

二〇一四年
中央公論新社・中公文庫

【あらすじ】東京・八王子郊外で夫婦二人が殺害され、現場に「怒」の血文字が残された。犯人はどこに逃げたのか。動機は何なのか。房総の港町で暮らす愛子、東京で広告の仕事をする優馬、沖縄の離島へ引越した泉の前に、それぞれ前歴不詳の男が現れた。『悪人』と同じく殺人事件を扱いながら、物語は全く違う展開をたどる。

「怒り」とは、一般的に悪い感情を表す言葉だと思われている。人間はできれば怒るより笑っていたいし、他人から怒られるよりほめられたい。けれど、理不尽な出来事を前にして、怒りの感情を爆発させれば周りの状況が変わるかもしれない。真っすぐな感情をぶつけることにより、他人との壁が溶けることもある。

怒りとは、人間に備わったある可能性を示す言葉でもあるのだ。

この長篇では、様々な登場人物たちの怒りの場面が描かれる。実直な中年男は、人の話を聞いてその場で拳を握りしめ、別の若者は「ふざけんな、ふざけんなよ」という言葉を胸の中に溜め込む。背中から幸せな家庭人を刃物で一刺しにした男がいる。娘の傍らで声を押し殺してなく母もいる。

なぜ、ここまで作家は、怒れるものたちを書かなくてはならなかったのか。

本作は、二〇一二年十月二十九日から計三百四十六回、読売新聞に連載された。初回の原稿が掲載された日の朝刊一面は、衆院補選の投開票の結果だった。自民党の元衆院議員が、国民新党所属で民主党推薦の新人を破った日。東日本大震災後の復興を進められない当時の民主党政権に、人々がNoを突きつけた日だった。

東日本大震災と福島第一原発の事故以降、私たちは行き場のない怒りを抱えて生きている。自分たちの快適な物質生活が、何年かに一度は必ず来る自然災害に目を向けないことで成り立っていた欺瞞。それらに目を背け、十六万人を越す福島の人々が故郷を離れることになった申し訳なさ。人々の言葉にならない思いを作家は現代の巫覡《かんなぎ》となって受け止め、小説に「怒り」と題名をつけた。

震災文学とは直接、東北地方の惨状や原発事故が引き起こした悲劇を描いたものだけではない。震災直後の不安、憤り、やり切れなさ、絶望、小さな希望、それらを受け止めて全く異なる物語に昇華させたものだってあるはずだ。

三月十一日後の世界に吉田さんが放った渾身の火の球。この小説を受け止めた後には、誰の心臓にも、熱く、真っ赤な「怒」の血文字が刻印される。

小説——25

森は知っている

二〇一五年
幻冬舎

【あらすじ】沖縄の孤島で、謎の共同生活を送る十七歳の少年たち。「これを今夜中に暗記しろ」——。渡されたファイルは、世界各地の水源林を密かに買い漁り、世界の水利権を制することをもくろむ国際水メジャー企業の資料だった。華麗な産業スパイを演じる『太陽は動かない』の登場人物たちの少年時代をたどる。

世の中の様々な秘密を扱う産業スパイを描くことを通し、国際社会の虚々実々の闇に迫る『太陽は動かない』に続くシリーズの二作目で、前作のエネルギー問題に続き、題材としたのは水だった。途上国を中心とする世界各地の上下水道整備が、公的な施設ではなく、先進国の数社の民間企業に独占されているのは有名な話だ。人間の生命に直結する事業は一度整備すると半永久的な管理が求められるため、国際企業による途上国支配が固定化されると問題視する意見は根強い。

本作の手法は、国際的な映画監督の黒澤明が「黒澤組」と呼ばれる役者やスタッフ集団を抱え、彼らの出番を様々に組み替えながら、作品を作ったことを連想させる。三船敏郎が、『羅生門』や『七人の侍』、『赤ひげ』などに役柄を替えて出てくるあの感じだ。

円熟した作家は、自分の世界になじみの役者やスタッフ集団を抱えるようになる。世界の水をめぐる暗闘を扱うことを思い立った際、作家も自身の中にある「吉田組」から少年たちを呼んできたのだ。様々な事情で深い心の傷を負い、それでも自分の人生を切り拓こうとする小さな者たちを。

監督であり、脚本家である吉田さんは過去の経験を通し、自然の中に置かれた少年たちが、存在するだけで伸びやかな発条《ばね》を画面にもたらすことを知っている。彼らの前にカメラを置き、沖縄の離島に立たせ、珊瑚礁の広がる海で泳がせる。未来に向かって息をする者たちの生のけなげさが燦然と輝き出す。それと同時に、一人の人間の命を将棋の駒のように弄ぶ国際ビジネスの黒い影が、フィルムに長く尾を引くことも——。

国際世界の暗部と日本人は、無縁だとは言えない。水ビジネスの世界で仏の企業が強いのは有名だが、成功していないものの日本でも商社を中心として参画する動きがあった。ビジネスになると見れば、水でも、エネルギーでも、どのような分野でも、貪欲に参入するのは、日本人も同じだ。長篇がエンドロールに至るころ、この本に触れる者の白く柔らかかったはずの掌は、固く、翳っている。

小説――26

橋を渡る

二〇一六年
文藝春秋

【あらすじ】ビール会社で働く営業課長の明良。東京都議会議員の夫と息子を愛する妻の篤子。テレビの報道番組のディレクターの謙一郎。二〇一四年の東京で暮らす三人の主人公を描いた物語。自分なりに正しく生活をしているはずなのに、何かがずれてしまったような世界に入り込む姿を描く。近未来の世界が突然、現れる意外な展開にも驚かされる。

何度でも繰り返したい。吉田さんは東日本大震災後の世界を、捕まえようとしている最も真摯な書き手の一人だ。照れの作家は、表立って被災地のために活動することはないかもしれない。でも、震災後の人々のまだ言葉になっていない気分を捉えようとしている。それは例えば、スーパーで買い物をする老女が、若い中国人の店員をめぐってクレームをつける作中のこんな言葉に表れている。

日本で働かせてもらってるんですから、『ああ、ありがたい』って、普通はまず感謝ですよ。それをその感謝も忘れて、大切なお客にあんな態度とって。

震災が起きてから、自分こそは正しいといった言葉の暴力を振りかざす人が増えてはいないだろうか。災害によって、自らが拠って立つ場所がこんなにももろいと知ったとき、人間はそれらを直視しないため、強がって、正しさという衣をまとおうとする。外国人を責め、子供を産まない女性を責め、失言した人間を責め、飽きれば、新しいスケープゴートを探して、また責めて……。自分の生を踏み外してゆく三人の主人公は、息苦しい社会の圧力の犠牲者のようにも見える。

けれど、作家は未来を悲観してはいない。この物語は、二〇八五年の未来が描かれている。それは熱くもない、かといって、冷たくもない、常に平熱の世界だ。科学技術の発達で監視社会化はより進んでいたとしても、人間は今と同じく普通に息をして、話をしている。

長い目で見れば、現在の日本の人々は、東日本大震災の衝撃によって身を固く縮めている。寛容より安定を望み、保守化した政権を望んでいる。自分の眼を新しく見開かされる文学より、自分にとって慣れた世界を、肯定してくれる物語を望んでいる。でも、吉田さんは悲観していない。どのような形を取ったとしても、人間とは、お互いの心の橋を掛けながら生きてゆくものだと信じている。人類が脈々と営んできた生が簡単に揺らぐものではないと、大きく、図太く構えている。

ショートストーリー・エッセイ――1

うりずん

二〇〇七年
光文社・光文社文庫

スポーツ誌で連載された、写真家・佐内正史とのコラボレーション。佐内の写真と、「毎月届く写真を机に置いて一ヵ月ほど眺めては、そこから浮かんできた物語を書く、という感じ」で執筆された二十の掌篇が収められている。

テーマは「スポーツのある風景」だが、写真に写っているのは、公園のゲートボールや夜にビルの全面ガラスでダンスの練習をする若者、ゴルフの打ちっ放しをするお父さん、ドームの屋根、プロ野球チップス（！）まで、バラエティ豊か。

ゆえに、写真から紡ぎ出された物語たちにも、「スポーツ」はほんのアクセントとしてしか登場しない。その織り込み方に、作家の技が光る。仕事に葛藤する主人公が多いのは、作家自身が執筆当時、三十代後半だったからだろうか。

ショートストーリー・エッセイ――2

あの空の下で

二〇〇八年
木楽舎・集英社文庫

ANAグループの機内誌『翼の王国』二〇〇七年四月号〜〇八年九月号に連載された短篇十二本とエッセイ六作を収録。

短篇には、「自転車泥棒」「小さな恋のメロディ」「恋する惑星」など、映画の題名がつけられている。機内で映画を楽しむように、一篇の小説を楽しんでください、という作者の思いからだろうか。

振り返った過去を語る作品が多いからか、どれも、少しばかり、苦く切ない。そして、「裏切らないのが親友ではなく、実は裏切り合える相手のことを親友と呼ぶのかもしれない」「私が信じられないのは友哉ではなく、自分自身なのだ」こんなフレーズが出てきて、いつの間にか、吉田ワールドに引き込まれる。後半のエッセイはがらりと文体が変わり、作家の肉声が聞こえてくるようだ。

ショートストーリー・エッセイ――3

空の冒険

二〇一〇年
木楽舎・集英社文庫

『翼の王国』の二〇〇八年十月号～一〇年八月号連載の短篇十二本とエッセイ十一作を収める。その月ごとに出会った人物や目にした物事からイメージを膨らませた文章が並び、作家が「ひと月遅れの日記」と呼ぶような言葉の世界が広がる。

本書に収められた小説たちは、私たちに贈られた香水のようなものかもしれない。「女が階段を上る時」、「青の稲妻」、「恋人たちの食卓」……。各篇の題は、外国の香水の名前のようではないか。水色や桃色、薄黄色。華やかな色のとりどりの形をした小瓶が、この一冊の中に並んでいる。

どのページを開こうかと考えるだけで、気分が浮き立って、今日一日を乗り越えられそうな気がする。この本は、大空から届けられた極上のプレゼントなのだ。

ショートストーリー・エッセイ――4

作家と一日

二〇一五年／木楽舎

『翼の王国』二〇一〇年九月号～一二年八月号に連載されたエッセイ二十四篇が収録された、シリーズ第三弾。帯の文言にあるように、「著者初のエッセイ集」。自宅で飼っている二匹の猫が出てくる一篇から始まり、作家の素顔が見えてくるファンには嬉しい一冊だ。

取材旅行での同行者との楽しい（時には恥ずかしい）思い出、旅先での心地よい風や忘れられない景色など、その舞台の多くが日常を離れた場所であるのは機内誌連載ならでは。読んでいると、予定を決めずふらりと旅に出たくなる。

どの一篇も、リズミカルで愉快な内容なのだが、ページを捲るうちに、ふと、タイトルの「一日」が気になってくる。読み終わる頃には、一日一日の積み重ねである人生について、思いを馳せていた。

映画化作品——1

7月24日通りのクリスマス

二〇〇六年公開

監督
村上正典

出演
大沢たかお、中谷美紀ほか

映画は空想を即物的に映像化できる。長崎に住む女性がここはリスボンだと想像し、自分を慰めていた心象が画面一面に拡がって、本当に（海外ロケによって）リスボンになる。クリスマスとからめた、まさに王道的なロマンティック・コメディで、ヒロインの中谷美紀を取り囲む人々の、キャラクターもチャーミング。可愛らしい演出の中で、中谷の父の恋人を演じる、ＹＯＵの現実主義

的で辛口な存在感が、映画に奥行きをもたせている。長崎という、洒脱な観光都市だがそこに暮らす人々にとっては、いささか閉塞感が伴う空気が、この物語を成立させ得る。小さなコミュニティの中で、一人の人物によって波乱が起こるのは、長崎という街にふさわしい。

『7月24日通りのクリスマス（2枚組）』 ￥4,800＋税　テレビ朝日・博報堂DYメディアパートナーズ／東宝

複数の若者が交錯するが、徐々に浮かび上がってくるのは彼らの関係性の奇抜さ、面白さ。映画が進んでいっても、この映画で語られる真実がなんであるのかを、用心しながら見続けるような、どこか信用ならない不可思議な設定に惹かれる。結束は薄いが打ち解けた共同体の魅力と、主人公たちが住む世田谷で起こっている、連続殺人という不穏な副旋律。さらに彼らの中に危険をはらん

映画化作品——2

パレード

二〇一〇年公開

監督
行定勲

出演
藤原竜也ほか

だ青年が舞い込んでくるが、それは全員の、現状の精神的危うさを際立たせる。些細な過干渉が起こっても、無視されたり飲み込まれていき、彼らの間にあった希薄だが、うとましくない連帯が魅力であったことを裏付ける。そして、決定的なラストに至るのだ。

『パレード』 ¥3,800＋税　キングレコード
©2010『パレード』製作委員会

人は寂しい。孤独を抱えた者が、ほかに方法もなく出会い系サイトに頼る仕方なさ。深津絵里が働く、閑散とした紳士服量販店のだだっ広さと、自転車であぜ道を帰る侘しさ。このリアルな情景に、彼女が出会ったばかりの男性と強く惹かれあう説得力がある。たとえ男が人殺しでも、二人は人肌恋しいから、体を必死に求め合う。世間がそれを理解しなくても、観客にはあまりに孤独な、

映画化作品――3

悪人

二〇一〇年公開

監督
李相日

出演
妻夫木聡、深津絵里ほか

二人の無念な出会いが伝わる。樹木希林、柄本明が演じる加害者・被害者それぞれの親族のやりきれなさの演出も重厚だ。被害者となる満島ひかりの現代性も良い。軽薄で自己中心的、人を平然と見下す侮蔑的態度。被害者であれ、気軽な醜悪さこそ人間的であるのだ。

『悪人』 スタンダード・エディション ￥3,800＋税 アミューズソフト／東宝

映画化作品——4

横道世之介

二〇一三年公開

監督
沖田修一

出演
高良健吾、吉高由里子ほか

　一九八〇年代を舞台とした、何気ない青春模様。オクテというより、ぼんやりしている世之介はいわば癒し系か。世之介に無理やり友人にさせられる、綾野剛が潔癖症で手を払う仕草など面白い。しかし八〇年代と地続きで描かれる、現代の彼らの様子。皆が最近、世之介の名前を久々に聞いた気がする出来事が、少しずつ明らかになっていく。世之介に猛烈にアタックする天然なお嬢様、吉高由里子が若干不似合なキャラだが、生き生きとした明るさは青春そのものだ。そんな彼女も、時を経て三十代になると落ち着いた女性になっている変化も、もうひとつの失われたもの——若さの象徴といえよう。世之介と現在の彼らの間の断絶の時間も、じつは深い。

『横道世之介』 Blu-ray ￥4,800＋税　DVD ￥3,800＋税　バンダイビジュアル

地方の家で、セックスに耽る男女。彼らにとって体の関係は重要らしく、日常的に情事が始まる。だが、隣家で起こった殺人事件から、二人の複雑な関係が明らかになる。贖罪と復讐。彼らの同居は償いと、常に相手へ罪を思い起こさせるためのものなのだ。情事も互いにとって心痛なのだが、時間を経て二人の間には穏やかさが漂っている。そのために、女の心は揺れる。許し始めている自分を、許せない自分。真木よう子の美しさと、大西信満のくたびれた色気の説得力がすごい。二人の関係を理解する記者、大森南朋の家庭が崩壊していることも、対比として複雑な味わいを残す。すべてを捨てて、絡み合う情だけに生きると決めた男女は、妬ましい。

映画化作品——5

さよなら渓谷

二〇一三年公開

監督
大森立嗣

出演
真木よう子、大西信満、大森南朋ほか

『さよなら渓谷』 8/3発売 ¥1,900+税 キングレコード ©2013「さよなら渓谷」製作委員会

第五章

対談　祐一と優馬を繋ぐ線

妻夫木聡×吉田修一

妻夫木聡
つまぶき・さとし

一九八〇年福岡県出身。二〇〇一年『ウォーターボーイズ』で映画初主演し、第二五回日本アカデミー賞優秀主演男優賞、新人俳優賞を受賞。〇三年『ジョゼと虎と魚たち』でキネマ旬報ベスト・テン最優秀主演男優賞、一〇年の『悪人』では第三四回日本アカデミー賞最優秀主演男優賞、ブルーリボン賞主演男優賞など、数々の賞に輝く。また、〇九年「天地人」でNHK大河ドラマ初主演。主な出演映画に、『マイ・バック・ページ』、『東京家族』、『小さいおうち』、『バンクーバーの朝日』、『黒衣の刺客』、『家族はつらいよ』、『殿、利息でござる!』など。

運命的な『悪人』との出会い

吉田修一（以下吉田）　妻夫木さんって、僕にとっては恩人なんです。『悪人』の映画化の話がなかなか進まなかった時に、妻夫木さんが主人公の清水祐一を演じたいと言ってくださって、そこから話が進んだでしょう。

妻夫木聡（以下妻夫木）『悪人』は僕にとっても転機になった作品です。読書家の親友がいて、いろんな面白い本を教えてもらって読んでいるんですが、ある時そのなかに『悪人』があったんですよね。読んで衝撃を受けました。はじめて「この主人公を絶対にやりたい！」と思って、映画化権がどうなっているのかマネージャーに調べてもらったんです。

――そこまで行動されたのははじめてだったんですか。

妻夫木　そうです。僕が権利がどうのというところまで口を出すなんて、百年はやいじゃないですか。でも、あの時は、吉田さんの作品なんてとっくに権利が押さえられているだろうけれど、「どうしてもこの役がやりたい」と思ったんですよ、単純に。人が恋する時って、はっきりと理由づけできないじゃないですか。それと同じで、完全に恋しちゃって。

吉田　妻夫木さんが主人公を演じたいと言ってくださっていると聞いた時は本当にありがたかったです。

妻夫木　僕のほうは「もう東宝が権利を持っているらしい」と聞いて「ああ、無理だな」と思っていたら、すぐに東宝から連絡があって「出演すると確証してもらえますか？」と聞かれて。「話が重いから企画が通らない。確実に主演をやるって確証をもらえるなら、再度企画を出したい」ということでした。「どうしてもやりたいです」って即答したら、企画が通って。

吉田　だからもう、妻夫木さんには感謝しかありません。

妻夫木　とんでもないですよ。さっき転機と言いましたが、あの時期のインタビューでよく「これまでとは違う役をやって変わりたかったんですか」と聞かれたんです。でも、僕はとにかく『悪人』という作品に恋をして、「どうしてもこの役をやりたい」と思っただけなんですよね。たまたま三十歳という節目でしたし、大河ドラマ（『天地人』）と重なったこともあって、確かにそれまでの自分を越えたい、自分の知らない自分に会いたいという気持ちは存在したと思う。自分はずっと陽に当たりながら生きてきた気がしていたから、陽の当たらない部分というものを見出したかったのかもしれません。そういう意味で『悪人』はその時点での僕の集大成だったんです。

吉田　今の話を聞いて思い出しましたが、最初に妻夫木さんが祐一を演じたいと言ってくれていると聞いた時、意外なほど違和感がなかったんです。それは今おっしゃった、妻夫木さんの陰の部分がちょっと想像できたからでしょうね。しかも、それが想像以上でした。最初にお会いしたのは顔合わせの食事会でしたけれど、次に五島列島で、灯台のシーンのロケでお会いした時は、もう、本当に殺人犯にしか見えなかったんですよ（笑）。撮影が終わるまで声がかけられなかったですから。
妻夫木　正直、撮影中のことはあまり憶えていないんです。たぶん、考えることを拒否していたんじゃないかと。自分でも何をするか分からなくて、相手役の深津絵里さんに失礼なことをしそうでしたし。
吉田　あはは、それ言ってましたね。深津さんに「今回は本当に失礼なことをするかもしれないので、先に謝らせてください」と言ったとか。
妻夫木　深津さんが「え、私なにされるの」って（笑）。そうやって受け入れてくれたのでよかったです。相手がどう思うかを気にせずに役づくりできました。李相日監督がすごく追い込んでくれたのにも、助けられましたね。やっぱり、みんながシンプルに「いい作品を作りたい」って思いだけだったことがよかった。でも、原作の力がないとそこまでいかないんですよ。原作がいいと、その良さを崩したくないという思いがみんなに生まれるんです。普通だと、原作を映像化する時って「お客さんを入れるためにここはもうちょっとこうしよう」という意見が出てくるけれど、『悪人』の時は一切出なかった。それは

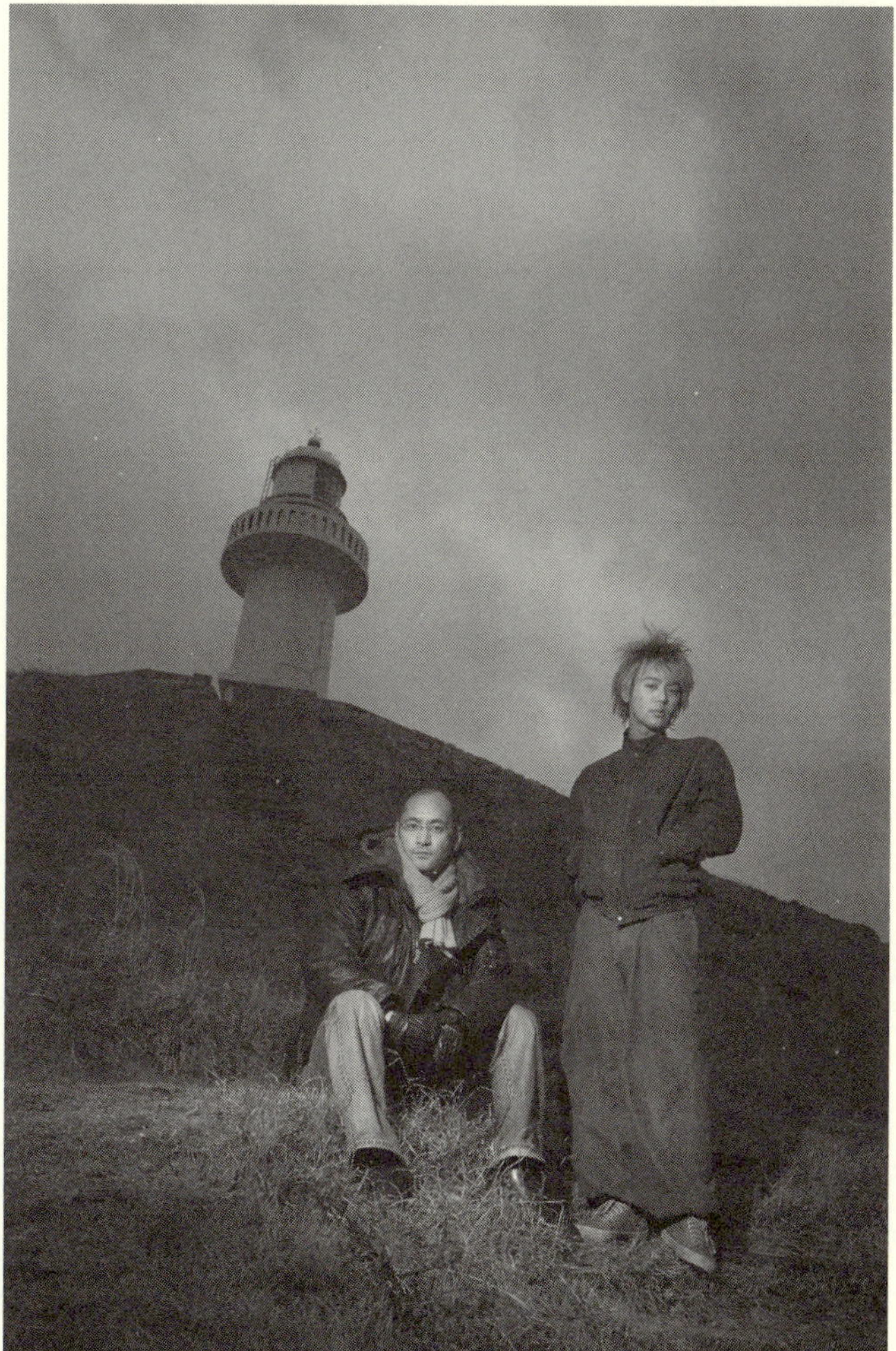

映画『悪人』の撮影現場にて(提供 朝日新聞社)

奇跡的なことなんです。
吉田　そしてああいう素晴らしい映画になって。貴重な体験をさせてもらいました。

ある日、『怒り』の白本が送られてきて

妻夫木　僕はそのあとも、吉田さんの小説や映像化作品はずっと見てきたんです。そうしたら、ある日、うちの事務所に『怒り』の白本（仮製本した見本）が送られてきたんです。これはなんかあるんだろうって思うじゃないですか（笑）。それで速攻読んで「うわっ、『悪人』を超えるものが来た！」と思った。読み終わってすぐに「優馬がやりたい」と思いました。嘘じゃなく、「この役絶対やりたい」と思ったのは『悪人』以来、二回目でした。
吉田　二度もそう思ってもらえるなんて、嬉しいですよ。
妻夫木　僕が完全に、吉田さんの本が好きだってことですよね。『悪人』と『怒り』の共通点があるとしたら、言葉にならない感情を抱えた人たちの話だ

ということ。答えが出ないものを描いた話でもある。僕はそこに焦点を当てた作品が好きなんでしょうね。人間が一番考えなきゃいけない、人の業みたいなものについて、問い詰められる作品。映画でそれを表現することで、最終的にはお客さんたちも自分のことに置き換えて、観終わった後にも簡単には消化しきれない何かが生まれる。それができる作品って素晴らしいと思うんです。『怒り』はそういうパワーを持った小説だと思います。吉田さんは、映像化される時は何か注文をつけるんですか。

吉田　いつも言うのは「小説よりも面白くしてくれ」ということ。

妻夫木　それが一番難しい……。

吉田　つまり原作に忠実でなくてもいいってことです。それは李さんや妻夫木さんが、原作を読んだ時に僕と同じような風景や感情を読み取ってくれていると分かるから言えるんですよね。そこが同じであれば、他の設定が変わってもそんなに気にしません。でも優馬役を希望されたのは意外でした。東京の大手企業に勤める、ゲイの会社員でしょう。偶然知り合った直人という青年と恋人関係になって、彼を居候させる役ですよね。素人からすると、役者の人は犯人役を演じたくなるかな、と思ったんです。

妻夫木　犯人役は全然頭になかったですね。僕は断然、優馬がよかったです。

――役作りについて伺いましたが、すごいですね。出演が決まってから、ゲイのご友人と新宿二丁目にずっと通われて、ゲイ役の役者さんたちとホテルを借りて丸一日一緒に過ごして、プールサイドで音楽かけてお酒飲んで騒いだりもされたとか……。

妻夫木　やっぱり僕はゲイではないので、すんなり演じられるわけがない。優馬にとってはゲイの友達が唯一心を許している人たちだから、彼らがどんなふうに楽しんでいるのかを知りたかったんです。

画面には映らない役作り

吉田　さらに驚いたのが、直人役の綾野剛さんと一緒に住んだという話です。

妻夫木　二人のシーンのリハーサルをした時に、李さんに「二人ともゲイに見えない。ただ芸能人同士が飯食っているだけにしか見えない」と言われて。それでリハーサルをやめて、映画の『ブエノスアイレス』をみんなで一緒に観たりもしたんです。でもまだ入り込めた気がしないので、結局、剛と、「じゃあ……一緒に住むか」と。『悪人』の時の深津さんと一緒で、剛も受け入れてくれたんです。

——それからずっと、東京篇の撮影が終わるまで寝食をともにされたとか。撮影が始まっていたので話が急で、適当な部屋が見つからず、ホテル住まいだったと伺いました。

妻夫木　どちらかの家で寝泊まりすると家に戻るたび素になっちゃいそうですから……。撮影終わってホテルのバーでちょっと飲んで、部屋に戻って普通に生活して。

吉田　綾野さんと妻夫木さんは年齢同じくらいですか。

妻夫木　あいつが一つ下ですね。

吉田　なるほど。お二人の話で一番好きなのが、直人が姿を消す日の撮影をする前の晩の話。撮影が終わっていつものようにホテルのバーに行かれたんですよね？　部屋に戻ろうとしたら綾野さんに「コンビニに行くけど、なんか要

映画『怒り』東京篇撮影現場（東宝スタジオ）にて

る?」って聞かれて、「別にいい」と答えた後、「じゃあ後で」と別れて……。

妻夫木　そうです、よく覚えていますね（笑）。一人で部屋に戻ってシャワーを浴びているうちに、ん?　これは帰ってこない気がする、と思い始めて。でも帰ってこないなら「なんか要る?」って聞かないよな、とも思いながら、シャワーを終えてダラダラしていても帰ってこない。明日も早いからと思って先に寝て、朝起きて隣を見たら、いないんですよね、これが（笑）。きれいなままのベッドがあるだけ。あの朝はすごく寂しかったです。その感じがよかったんですよ。帰ってくるだろうという思いと、帰ってこないかもという予感の間でゆ〜らゆらしている感じが、優馬とまったく同じだった。それで、帰ってこないという現実に直面すると、やっぱりすごく寂しくなるんですよ。当たり前だと思っていたものが急にいなくなる感じが。

吉田　何度聞いても、いい話だなあ。

妻夫木　その後、二人のシーンを撮るってなった時、あいつに抱きつきましたもん（笑）。「お前、寂しかった」って。

吉田　綾野さん、コンビニに行くと言った時、「あれ買ってきて」と言われた

らどうしたんだろう。（笑）

妻夫木　直人は病弱な役なので、断食みたいな状態になっていましたね。優馬の母親役の原日出子さんも重い病気で末期という設定なので痩せなきゃいけなくて、僕だけ逆に鍛える必要があったので、「すみません」と言いながらパクパク食べていました。

傷心の優馬と沖縄で飲んだ夜

吉田　李監督は「東京篇は妻夫木に助けられた」って何度も言っていましたよ。

妻夫木　撮影の時から「東京篇はツマに全部任せるわ」って言ってくれて、嬉しかったですね。

吉田　千葉篇や沖縄篇がどうなるか分からないまま撮影するのって大変じゃないですか。

妻夫木　東京篇がトップバッターで、僕らは短い撮影期間で東京篇の事だけを考えていましたが、スタッフはこのあとどんどん違うパートの撮影があって疲弊していくだろうから、大丈夫かな、って。

吉田　僕が沖縄篇の撮影見学に行った時、妻夫木さんもふらりと那覇にいらしたんですよね。なのに「やっぱり帰ります」って、撮影チームに会わずに帰られた。「優馬は沖縄にはいませんから」と言って……。あれにはびっくりしました。役を演じるって、そういうことなのかと思った。

妻夫木　ギリギリまで迷ったんです。那覇で、吉田さんと二人でご飯食べたんですよね。そしたら「妻夫木さん、今回は傷心旅行ですね」って言われた。（笑）

吉田　本当に傷心っぽかったですよ。みんな言ってましたよ。役が全然抜けてなかった。直人に去られてしまった優馬がふらりと現れた感じでした。

妻夫木　そう、あの時はまだ「今日は何着よう」と思ってクローゼットを見ても、優馬が着ているようなぴっちぴちのシャツばかりで。（笑）

吉田　ご飯の後、飲んでいても、なんか言うことが暗いし（笑）。本当に心配したんですよ。

妻夫木　すみません。あの時はヤバかったですね。

完成した映画『怒り』を観て

――完成したものを観た時は、どう思われたんですか。

妻夫木　剛ともこないだ電話で話したんですけれど、自分の反省点ばっかり見えちゃうんです。他の人たちが素晴らしくて「うわあ、みんなすげえ、俺だけ駄目だ」って。剛もまったく同じで、「聡は本当によかったけれど、俺足りてなかった、ごめん」って言ってました。

吉田　二人とも素晴らしかったのに、なんでそんなふうに見えるんだろう。

妻夫木　たぶん、自分に期待しちゃっている自分がいるんですよね。それに、東京篇が一番日常を描いているんですよ。千葉も沖縄も、みんな何かしら抱えている。東京の僕たちももちろん抱えているものはあるけれど、でも意外とハッピーな日々が描かれるじゃないですか。唯一信じあえるような奴と出会えたかもしれない、っていう。だから僕たちの幸せな空間が、他と比べてふわっとしているんじゃないか、みたいな不安があったのかもしれません。

吉田　確かに東京篇の、坂道でレジ袋に入った弁当の位置を何度も直すシーンは、あの映画の中で唯一、くすりと笑って息継ぎできる場面ですしね。でもぐっとくる場面もたくさんあった。優馬のお母さんが亡くなって、病室の前に直人がいて、優馬が駆けつけてくるところとか……。

妻夫木　あそこは自分でも想像以上にこみ上げてくるものがありました。優馬が自分の弱さを直人に見せる唯一の場面だし、何も言わなくても直人は分かってくれているというシーンになっていて。

吉田　優馬が部屋に入った後は観客からは見えないじゃないですか。嗚咽《おえつ》だけが聞こえてくる。

妻夫木　映ってないけれど、顔がパンパンになるまで泣きました。

吉田　しかも、映らないのに、その場に亡くなった母親役の原さんもいらしたんでしょう？

妻夫木　李組ではそういうところも役者につきあわせますね。

吉田　遺体の前で泣く優馬の姿もちょっとは観たいのに、見えない。でもそれが、終盤の中目黒のシーンにつながるんですよね。優馬がカフェから出てきて泣きながら歩いていく場面、すごかったですよ。

妻夫木　あそこは大変でした。カフェの中のシーンで午前中が終わってしまって、ようやく撮り始めたのが午後。店を出てから歩いていく姿をワンカットで撮るんですけれど、段取り（撮影前の動き方の打ち合わせ）をやっているうちに撮影の笠松さんが「やばいぞ、日が落ちるぞ」ってしびれを切らしちゃって。テストなし、本番の一発勝負だったんです。

吉田　そんな状況であのお芝居はすごいなあ。しかも、まわりに一般の人が大勢いたって聞きましたよ。

妻夫木　カフェの周辺はエキストラで固めていたんですけれど、歩いていくバックショットもほしいと言われて、泣きながら歩いて山手通りに出て、右に曲がって〈ドン・キホーテ〉あたりまで延々歩いたんです。そのあたりはもう、周囲はみんな一般の人たち。僕が号泣しているから、すれ違う人が「あっ、妻夫木……！」って言いかけては見てはいけないものを見たかのように目をそらしていく（笑）。李さんは全然カットをかけてくれないし、五十メートルくらいその状態で歩きました。山手通りで号泣したのははじめてでしたよ。その場

映画『怒り』の劇中カットより

面はバッサリ切られていましたけれど。

李相日監督に〝追い込まれ〟て

吉田　『悪人』の時も、ラストの取調室の場面を撮ったのに使われていなかったでしょう。DVD特典で観るとすごくいい場面だけど、本編を観て、あの場面がなくてもよかったんだと納得できました。

妻夫木　李さんは編集がうまいですよね。小説で読んだ時に印象に残るシーンでも、撮影しておきながらあえて使わなかったりするし。

吉田　映画の運動神経がいいんだと思います。普通の人には跳べない跳び方ができる。だから最終的には納得できるものになる。

妻夫木　最初編集した時、四時間あったって言ってましたよ。

吉田　それも観てみたいですけどね。

妻夫木　それを二時間二十二分に凝縮させるんだからすごいですよね。吉田さんは作者として、どんなふうに完成品を観たんですか。

吉田　いや、僕は完全に「客」として観ますよ。もともと映画好きなので、映画ファンの一人として観ました。東京篇も沖縄篇も千葉篇も、みんな素晴らしかった。沖縄でご飯を食べた時は、まだ撮影が始まっていない千葉篇のことを心配していたんですよね。今になってみると、何を心配していたんだろう。

妻夫木　千葉篇は描かなきゃいけない人間が多いんですよ。沖縄篇の広瀬すずちゃんと佐久本宝くんは若いし、未來くんは自由にやるだろうけれど（笑）、千葉篇は渡辺謙さん、宮﨑あおいちゃん、松ケンの一人一人を追い込んでいかなきゃいけないですからね。

――李監督、そんなに追い込むんですか。

妻夫木　あそこまで精神的に追い込む監督ってなかなかいないです。人間性まで否定する追い込み方をするんです。ま、本人は「そんなことない」って言うだろうけれど（笑）。でも、本気にさせる何かがあるんですよね。いつの間にか、評価されたいとか、上手く演じたいといった自分の〝欲〟がなくなって、気付けば「あ、俺、何も考えずにやれてた」ってなる。単純に、作品のことだけ、その役のことだけしか考えない状態になれるんです。

吉田　じゃあ、今回もみなさんそんなふうに追い込まれたんですね。千葉篇でいうと、愛子のキャスティングは特に難しかったかもしれませんね。

妻夫木　そうですね。愛子は、男の人に相手にされず、幸せを見出せない女の人ですからね。

吉田　でも、そう思っていたら……。

妻夫木　いやあ、宮﨑あおいちゃんは本当すごいなと思った。びっくりするぐらい愛子だった。千葉篇、良すぎましたね。謙さんがあおいちゃんに対して献身していて、あおいちゃんのためだけに生きていて素晴らしかった……。

吉田　松山ケンイチさんが電話で泣く場面もよかったですよねえ。

――この小説、「結局あのあとどうなったんだろう」と気になりますよね。スピンオフを書いてほしいという声が多いと聞きます。

妻夫木　特にすずちゃんが演じた泉が、このあとどんなふうに生きていくかは気になりますよね。でもそう思った読者は、作品世界にどっぷり浸かっているということ。映画でも、そこまで距離を置いて観ていた人が、すずちゃんのあの芝居を観ることで、ぐっと自分との距離が縮まると思う。自分の中に怒りが生まれて、自分の物語になっていくと思います。

吉田　そう、本当に痛々しいから。あの場面あたりから、泉という女の子も優馬も、自分と同じ世界にいる人たちなんだというふうに見えてくると思います。

祐一と優馬を繫ぐ線

妻夫木　そうやってみなさんが素晴らしいから、東京篇の僕と剛が不安になっちゃうの、分かるでしょう？（笑）でも、剛と二人で、「このまま東京篇だけの物語を撮ってくれないかな」とも言っていたんです。だって、あそこまでゲイの恋愛をきれいに描いている映画ってないですよ。吉田さんにはまたゲイの小説を書いてほしいですね。日本ってまだそういう生き方が浸透していなくて、少し差別っぽいところがある。みんなただ普通に恋愛しているんだということが、きちんと描かれた作品がもっと出てくるといいのに。

吉田　妻夫木さんのような日本を代表する俳優が、今のような発言をしてくれることで、この原作を書いた僕はもちろん、多くの人たちが勇気づけられると思いますよ。

妻夫木 実は、微妙に『悪人』と繋がっているところがあって。『悪人』の祐一の役作りをしている時に、李さんに「ちょっと二人で『ブロークバック・マウンテン』を観ようか」と言われて一緒に観たんです。男同士が惹かれあうという内容ですが、ヒース・レジャーが演じた主人公の役の空気を感じ取ってほしかったみたいです。僕はその時から『ブロークバック・マウンテン』が大好きで、いつかゲイの役をやりたいと思っていました。でもそれよりも、なぜ誰よりも優馬に惹かれたのかといえば、祐一と通ずる何かがあると思ったんです。誰からも理解されようと思っていないところとか……。

吉田 いや、本当にそうかもしれない。祐一と優馬は全然タイプが違うけれど、ヒース・レジャーが演じたイニスを真ん中に置くと繋がります。三人とも、同じ系列の人間ですよ。

妻夫木 言葉に表せない、その人の核みたいなところが。

吉田 この三人は同じものを悲しいと思うだろうし、同じものを面白いと思うだろうし……抱えている寂しさが同じですよね。もしかしたら妻夫木さん自身もその系列なのかもしれない。それで優馬だったんですよ。そうか、祐一と優馬って繋がるんですね、なるほど。

妻夫木　振り返ってみると、そうなんですよね。もちろん、作品そのものも好きです。人間はなんでも答えを求めるという愚かな生き物ですけれど、吉田さんは答えの出ない、言葉にできない感情を問い詰めてくれる。人間は考えるのをやめてしまったらどうしようもない生き物になってしまうから、吉田さんには僕たちが考えることを諦めないように、どんどん小説を書いていってほしいですね。

吉田　こんなふうに祐一や優馬を演じてもらって、しかもそうした言葉をいただけるというだけで、大きな力になります。妻夫木聡さんという俳優を、僕はもう完全に信頼しているし、恩人だと思っています。今後も、また演じたいと思ってくれるようなものを書かないと。

妻夫木　でも毎回こういうのをやっていたら身が持たないので、李組は四年に一度でいいんです。オリンピックイヤーみたいに、李イヤーっていう。（笑）

吉田　四年に一度か。長いようで、あっという間ですよね。

妻夫木　とにかく今は、『怒り』を観てほしいです。絶対に観なきゃ損ですよね。これだけのパワーがある原作を、スタッフ・キャスト、みんなの思いのすべてを詰めて作った映画なので、この思いを受け取ってもらいたいです。

（聞き手・構成　瀧井朝世）

吉田修一
よしだ・しゅういち

一九六八年長崎県生まれ。九七年、「最後の息子」で文學界新人賞を受賞、作家デビュー。二〇〇二年『パレード』で山本周五郎賞、『パーク・ライフ』で芥川賞、〇七年『悪人』で毎日出版文化賞と大佛次郎賞、一〇年『横道世之介』で柴田錬三郎賞を受賞。その他の著書に、『さよなら渓谷』、『路（ルウ）』、『愛に乱暴』、『森は知っている』、『橋を渡る』、エッセイ集『作家と一日』など多数。

装幀・本文デザイン　盛川和洋

初出

第二章「東京篇」『中央公論』二〇一六年三月号
「沖縄篇」『婦人公論』二〇一六年二月二十三日号
「千葉篇」『中央公論』二〇一六年四月号
第一章、第三章、第四章、第五章は、本書オリジナルです。

小説《しょうせつ》「怒《いか》り」と映画《えいが》「怒《いか》り」
——吉田修一《よしだしゅういち》の世界《せかい》

2016年7月25日　初版発行

著　者　吉田《よしだ》 修一《しゅういち》ほか

発行者　大橋 善光

発行所　中央公論新社
〒100-8152　東京都千代田区大手町1-7-1
電話　販売 03-5299-1730　編集 03-5299-1920
URL http://www.chuko.co.jp/

ＤＴＰ　嵐下英治
印　刷　三晃印刷
製　本　小泉製本

Published by CHUOKORON-SHINSHA, INC.
Printed in Japan　ISBN978-4-12-004874-6 C0095

中公文庫

安心毛布

川上未映子

ふつうに人生を生きてゆくことが相も変わらぬ椿事——妊娠・出産・子育てと、日常に訪れた疾風怒濤の変化を綴る日記的エッセイ。

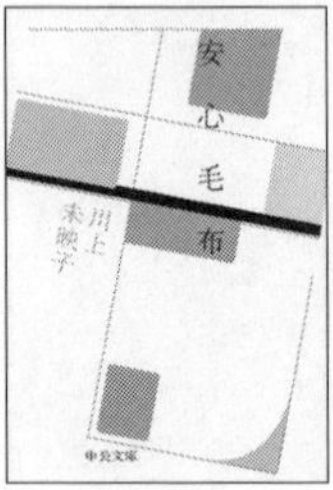

●580円（税別）